CONTEÚDO DIGITAL PARA ALUNOS
Cadastre-se e transforme seus estudos em uma experiência única de aprendizado:

1 Entre na página de cadastro:
www.editoradobrasil.com.br/sistemas/cadastro

2 Além dos seus dados pessoais e dos dados de sua escola, adicione ao cadastro o código do aluno, que garantirá a exclusividade do seu ingresso à plataforma.

6394170A4106908

3 Depois, acesse:
www.editoradobrasil.com.br/leb
e navegue pelos conteúdos digitais de sua coleção :D

Lembre-se de que esse código, pessoal e intransferível, é válido por um ano. Guarde-o com cuidado, pois é a única maneira de você acessar os conteúdos da plataforma.

CB035704

Editora do Brasil

FÉ NA VIDA

ética e cidadania

Margarida Regina de Almeida

José Donizetti dos Santos

4ª edição
São Paulo, 2022

Editora do Brasil

5

Ensino Fundamental

Dados Internacionais de Catalogação na Publicação (CIP)
(Câmara Brasileira do Livro, SP, Brasil)

Almeida, Margarida Regina de
 Fé na vida : ética e cidadania, 5 / Margarida Regina de Almeida, José Donizetti dos Santos. -- 4. ed. -- São Paulo : Editora do Brasil, 2022. -- (Fé na vida)

 ISBN 978-85-10-08541-0 (aluno)
 ISBN 978-85-10-08542-7 (professor)

 1. Cidadania (Ensino fundamental) 2. Ética (Ensino fundamental) I. Santos, José Donizetti dos. II. Título. III. Série.

22-109217   CDD-372.1

Índices para catálogo sistemático:
1. Ética e cidadania : Ensino fundamental 372.1
Cibele Maria Dias - Bibliotecária - CRB-8/9427

4ª edição / 3ª impressão, 2023
Impresso na HRosa Gráfica e Editora

Editora do Brasil

Rua Conselheiro Nébias, 887
São Paulo/SP – CEP 01203-001
Fone: +55 11 3226-0211
www.editoradobrasil.com.br

abdr - Respeite o direito autoral
ASSOCIAÇÃO BRASILEIRA DOS DIREITOS REPROGRÁFICOS

© Editora do Brasil S.A., 2022
Todos os direitos reservados

Direção-geral: Vicente Tortamano Avanso

Diretoria editorial: Felipe Ramos Poletti
Gerência editorial de conteúdo didático: Erika Caldin
Gerência editorial de produção e design: Ulisses Pires
Supervisão de artes: Andrea Melo
Supervisão de editoração: Abdonildo José de Lima Santos
Supervisão de revisão: Elaine Cristina da Silva
Supervisão de iconografia: Léo Burgos
Supervisão de digital: Priscila Hernandez
Supervisão de controle de processos editoriais: Roseli Said
Supervisão de direitos autorais: Marilisa Bertolone Mendes

Supervisão editorial: Carla Felix Lopes
Edição: Ana Flávia Corrêa Rodrigues e Mariana Almeida
Assistência editorial: Beatriz Pineiro Villanueva
Auxílio editorial: Marcos Vasconcelos
Revisão: Amanda Cabral, Andréia Andrade, Fernanda Sanchez, Gabriel Ornelas, Giovana Sanches, Jonathan Busato, Júlia Castello, Luiza Luchini, Maisa Akazawa, Mariana Paixão, Martin Gonçalves, Rita Costa, Rosani Andreani, Sandra Fernandes e Veridiana Cunha
Pesquisa iconográfica: Elena Molinari
Design gráfico: Salvador Studio
Capa: Estúdio Siamo
Imagem de capa: LSOphoto/iStockphoto.com
Edição de arte: Daniel Souza e Marcos Gubiotti
Ilustrações: Alexandre Koyama, Claudia Marianno, Dayane Cabral Raven, Edson Farias, Fabiano dos Santos, Flip Estúdio, Lucas Busatto, Marco Cortez e Saulo Nunes Marques
Editoração eletrônica: NPublic/Formato Comunicação
Licenciamentos de textos: Cinthya Utiyama, Jennifer Xavier, Paula Harue Tozaki e Renata Garbellini
Controle de processos editoriais: Bruna Alves, Julia do Nascimento, Rita Poliane, Terezinha de Fátima Oliveira e Valeria Alves

Querido aluno!

Nós, autores da Coleção Fé na Vida, criamos este livro para você e seus colegas com muito carinho.

Queremos, assim, colaborar com seu crescimento e fazer parte dele. Cada dia você cresce e se desenvolve mais, não apenas no tamanho mas também em relação a seu aprendizado e seus conhecimentos. Que alegria!

Seja bem-vindo a estas páginas! Com elas vamos trabalhar, aprender e crescer juntos com muita garra e dedicação.

Tenha um bom ano e muito sucesso!

Um abraço carinhoso,
Margarida e Donizetti

Currículo dos autores

Margarida Regina de Almeida
- Licenciada em Pedagogia
- Licenciada em Desenho e Artes Plásticas
- Pós-Graduada em Metodologia do Ensino Fundamental e do Ensino Médio
- Professora de Formação Humana e de Educação para a vida
- Professora de Educação Artística

José Donizetti dos Santos
- Licenciado em Filosofia
- Especialista em Neurociência e Psicanálise Aplicadas à Educação
- Professor de Educação para a vida e de Filosofia
- Diretor de escola na rede particular de ensino
- *Coach* educacional

Sumário

Direitos naturais das crianças **6**

**Momento 1 – Minha responsabilidade
diante de meu crescimento** **8**

   1º Encontro – Quem sou eu? 10
   2º Encontro – Não existe ninguém igual a mim 19
   3º Encontro – Viver é crescer e aprender a cada dia 25
   4º Encontro – Fazer escolhas: um aprendizado contínuo 31
   5º Encontro – Cidadania: uma questão de direitos e deveres 37

**Momento 2 – A importância da convivência
para meu crescimento e minha realização** **44**

   6º Encontro – Cuidando da vida: preciosa e frágil 46
   7º Encontro – O outro e eu: o aprendizado da convivência 53
   8º Encontro – Sensibilidade: razão dos sentimentos 57
   9º Encontro – O respeito às diferenças e o valor da diversidade 63
   10º Encontro – Honestidade e sinceridade: indispensáveis
   na convivência 70

**Momento 3 – Valores essenciais para
uma convivência saudável** **78**

   11º Encontro – A felicidade é uma conquista diária 80
   12º Encontro – Empatia: a arte de compreender e entender o outro 87
   13º Encontro – *Bullying*: uma ameaça à vida 92
   14º Encontro – Amizade: fruto do respeito e do cuidado com o outro 97
   15º Encontro – Autoestima: indispensável para
   minha realização pessoal 103

**Momento 4 – Conquistando um mundo
melhor para todos** **112**

   16º Encontro – Desenvolvimento sustentável: esperança
   para o planeta 114
   17º Encontro – Fraternidade e o poder dos pequenos gestos 123
   18º Encontro – Partilhar: um gesto de amor 130
   19º Encontro – Compromisso para um mundo melhor 135

Direitos naturais das crianças

1. Direito ao ócio:
Toda criança tem o direito de viver momentos de tempo não programados pelos adultos.

2. Direito a sujar-se:
Toda criança tem o direito de brincar com a terra, com a areia, com a água, com a lama, com as pedras.

3. Direito aos sentidos:
Toda criança tem o direito de sentir os gostos e os perfumes oferecidos pela natureza.

4. Direito ao diálogo:
Toda criança tem o direito de falar sem ser interrompida, de ser levada a sério nas suas ideias, de ter explicações para suas dúvidas e de escutar uma fala mansa, sem gritos.

5. Direito ao uso das mãos:
Toda criança tem o direito de [...] lixar, colar, modelar o barro, amarrar barbantes e cordas [...].

Ilustrações: Dayane Cabral Raven

6. Direito a um bom início:

Toda criança tem o direito de comer alimentos sãos desde o nascimento, de beber água limpa e respirar ar puro.

7. Direito à rua:

Toda criança tem o direito de brincar na rua e na praça e de andar livremente pelos caminhos, sem medo de ser atropelada por motoristas que pensam que as vias lhes pertencem.

8. Direito à natureza selvagem:

Toda criança tem o direito de construir uma cabana nos bosques, de ter um arbusto onde se esconder e árvores nas quais subir.

9. Direito ao silêncio:

Toda criança tem o direito de escutar o rumor do vento, o canto dos pássaros, o murmúrio das águas.

10. Direito à poesia:

Toda criança tem o direito de ver o sol nascer e se pôr e de ver as estrelas e a lua.

Rubem Alves. O melhor de tudo são as crianças. *In*: Rubem Alves. *Conversas sobre educação*. 12. ed. Campinas: Verus, 2015. p. 32-33.

Ilustrações: Dayane Cabral Raven

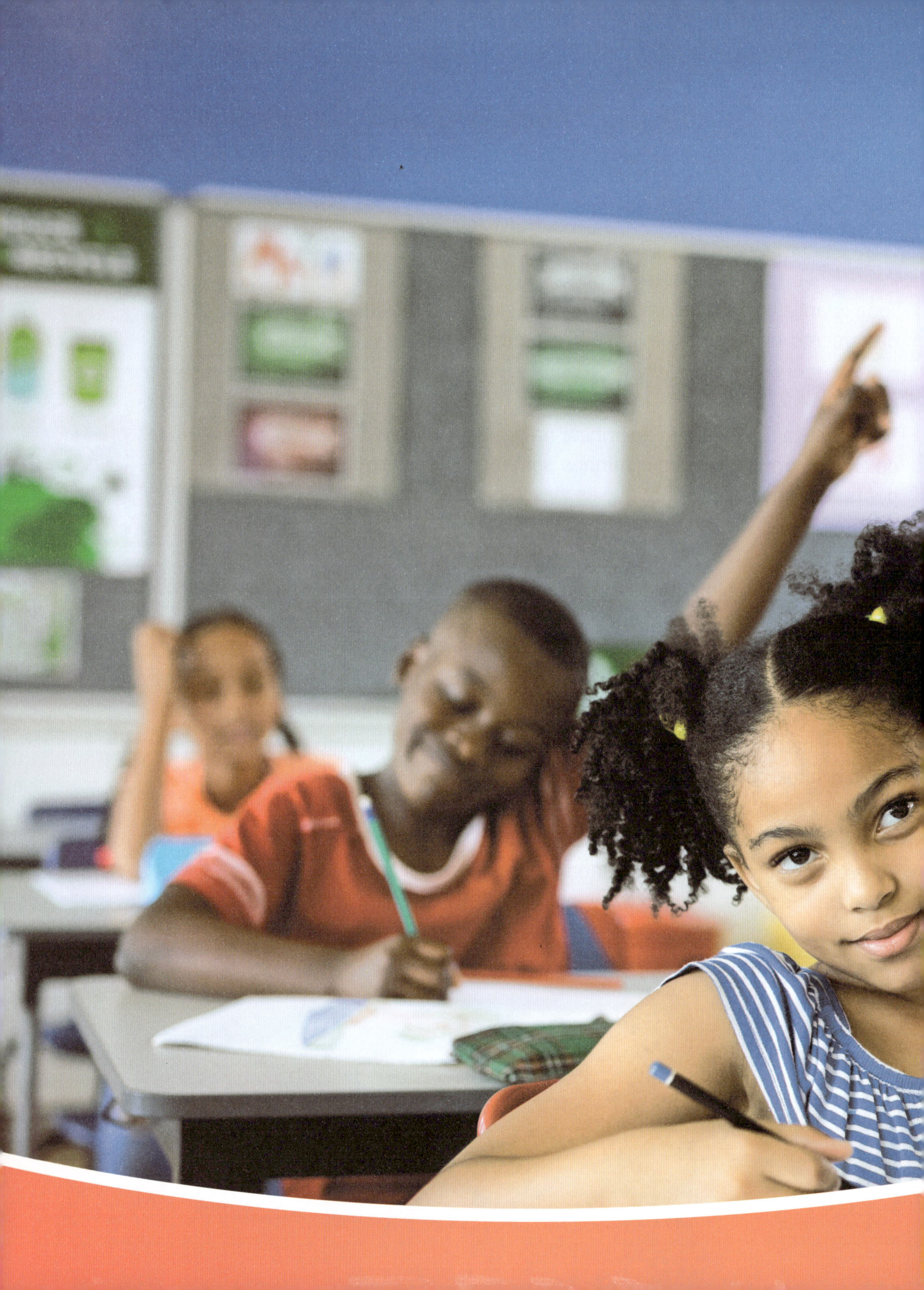

MOMENTO 1

Minha responsabilidade diante de meu crescimento

1º Encontro

Quem sou eu?

Eu sou gente! Sou uma pessoa dotada de inteligência, capaz de pensar, aprender e crescer.

Sou um ser humano com limitações e muitas qualidades: posso sentir, gostar, amar, comunicar-me com as pessoas e conhecer coisas novas com elas.

Aprendo coisas todos os dias para me conhecer melhor e, assim, vou conquistando meu espaço.

É fundamental que eu me conheça sempre mais e aprenda a gostar de mim e a me valorizar. Só assim poderei ser uma pessoa consciente de meus deveres e direitos, integrada ao mundo que me cerca.

Também tenho desejos e sonhos e vou lutar por eles. Por isso, quero me conhecer sempre mais e me preparar com responsabilidade para a vida adulta.

Sei que para isso preciso confiar, acreditar em mim e me esforçar para conseguir minha realização pessoal e construir uma história de vida plena de sucesso e de valores.

Tempo de conversar

Converse com os colegas e o professor sobre o texto que você leu.

Tempo de ler e aprender

Sobre a prioridade das coisas

Um mestre foi questionado por seu discípulo sobre a real importância das coisas. Ao invés de responder-lhe à pergunta, pediu ao discípulo que pegasse um vaso de boca larga e colocasse algumas pedras grandes dentro dele.

Assim feito, o mestre perguntou ao discípulo:

— O vaso está cheio?

— Sim – respondeu o discípulo.

Então, o mestre pediu ao discípulo que colocasse um monte de pedregulhos dentro do vaso.

— E agora, está cheio?

— Sim.

Novamente o mestre pediu ao discípulo que colocasse areia dentro do vaso.

— E agora, está cheio?

— Sim.

Então, o mestre pediu ao discípulo que colocasse água dentro do vaso.

Nesse ponto o discípulo prontamente disse:

— Entendi, mestre. A real importância das coisas está na forma como as armazenamos.

O mestre respondeu:

— Não. O vaso só pode ser cheio dessa forma porque as grandes coisas foram colocadas primeiro, depois as menores, e assim por diante. Assim também é a vida. Priorize sua vida com as coisas que realmente são grandes e importantes, como sua família, seus amigos e seu desenvolvimento pessoal e profissional; depois priorize as menores. Se você tivesse começado a encher o vaso com pedregulhos, as pedras grandes jamais caberiam nele. Assim também, se você se ocupar apenas com as coisas pequenas, as grandes não terão espaço.

Alexandre Rangel. *As parábolas na empresa*: reflexões para reuniões, palestras e apoio ao processo decisório. Belo Horizonte: Leitura, 2006. p. 291-292.

Pense e responda

1. Sublinhe na parábola o trecho que expressa os ensinamentos que o mestre passou ao discípulo.
2. Explique com suas palavras o último parágrafo da parábola.

_____
_____
_____
_____

> Aprendendo a dar valor às coisas mais importantes da vida, você certamente construirá uma linda história!

Tempo de aprender fazendo

Pense um pouco em suas características pessoais e escreva uma breve **biografia** sua. Veja um exemplo a seguir, feito pela escritora Ruth Rocha.

Eu sou a Ruth Rocha

Eu sou paulista.

Nas minhas origens, há baianos, mineiros, cariocas. Com muitos portugueses bem lá atrás e algum sangue bugre ou negro – quem sabe? –, que se traduz na minha cor de cuia quando apanho sol.

Gosto muito do sol, de praia e de mar. De música e de livros. De cantar, dançar e rir.

Gosto muito de gente. Principalmente de criança.

Ruth Rocha. *Almanaque Ruth Rocha*. 2. ed. São Paulo: Moderna, 2011. p. 134.

Agora é sua vez!

biografia: narração oral, escrita ou visual de fatos particulares da vida de uma pessoa.

1. Inspire-se em Ruth Rocha e escreva uma pequena biografia sua.

   _____
   _____
   _____
   _____
   _____

2. Troque de livro com o colega ao lado para que vocês leiam a biografia um do outro. Assim, vocês se conhecerão melhor e iniciarão uma linda amizade.

3. O que você achou da biografia do colega? Escreva a seguir uma mensagem para ele.

   _____
   _____
   _____

Pense e responda

1. Seu nome e sobrenome são sua identidade! Eles são importantes para você? Justifique sua resposta.

   _____
   _____

2. Quais são suas principais qualidades?

   _____
   _____
   _____

3. Suas qualidades ajudam você a viver melhor? De que maneira?

   _____
   _____
   _____

Divirta-se e aprenda

1. Encontre, no diagrama abaixo, oito palavras que representam qualidades do ser humano. Uma dica: uma delas está posição bem diferente.

H	T	P	R	V	Z	X	Q	W	P	G	D	T
C	O	M	P	A	I	X	Ã	O	Q	T	K	O
K	T	N	Q	R	G	H	J	L	V	R	C	L
P	K	R	E	S	P	E	I	T	O	K	W	E
W	G	V	K	S	Q	P	R	F	G	K	H	R
P	X	G	E	N	T	I	L	E	Z	A	Q	Â
W	Q	P	L	H	Q	I	K	P	L	J	Z	N
P	Y	T	Q	B	O	N	D	A	D	E	K	C
V	F	Q	L	E	A	L	D	A	D	E	Z	I
P	Y	T	R	G	F	K	N	F	D	Q	K	A
Q	Y	W	J	H	G	F	C	V	Q	E	W	P
S	O	L	I	D	A	R	I	E	D	A	D	E

2. Entre essas qualidades do ser humano, qual você julga mais importante?
_____
_____

3. O garoto ao lado está lhe dando um conselho. Explique por que é importante o que ele diz.
_____
_____
_____
_____
_____

> CULTIVE SUAS QUALIDADES. ELAS FARÃO DE VOCÊ UMA PESSOA IMPORTANTE PARA SI MESMO, PARA OS OUTROS E PARA O MUNDO.

Tempo de ler e aprender

Onde Deus está escondido

Numa pequena aldeia de Marrocos um homem contemplava o único poço de toda a região. Um garoto aproximou-se:

– O que tem lá dentro? – quis saber.

– Deus.

– Deus está escondido dentro deste poço?

– Está.

– Quero ver – disse o garoto, desconfiado.

O velho pegou-o no colo e ajudou-o a debruçar-se na borda do poço. Refletido na água, o menino pôde ver o seu próprio rosto.

– Mas este sou eu – gritou.

– Isso mesmo – disse o homem, tornando a colocar delicadamente o menino no chão.

– Agora você sabe onde Deus está escondido.

Alexandre Rangel. *As mais belas parábolas de todos os tempos*. Petrópolis: Vozes, 2015. v. III. p. 189.

Tempo de conversar

Converse com seu professor e os colegas sobre o texto e as questões seguintes.

1. O homem, com sabedoria, explicou onde estava Deus. O que você pensa a respeito?

2. Você acha que podemos relacionar as qualidades humanas de uma pessoa com a presença de Deus nela? Explique.

Divirta-se e aprenda

Dinâmica: Conversando sobre nossas características

1. Sentem-se em roda. O professor distribuirá uma ficha de cartolina para cada um.

2. Nela, escrevam uma característica que vocês têm e acham importante. Por exemplo: inteligente, leal, honesto, organizado, estudioso, brincalhão etc.

3. Depois, apresentem suas fichas, respeitando a ordem que o professor estabelecer. Expliquem por que escolheram essa característica e como a vivenciam no dia a dia: em casa, na escola etc.

Pense e responda

1. Você apresentou uma característica pessoal para os colegas e explicou como a vivencia no seu cotidiano. Anote-a aqui e escreva o que você conversou com os colegas.

   _____
   _____
   _____
   _____

   > Ninguém ama aquilo que não conhece!
   > Para nos conhecermos, precisamos reconhecer também nossa história de vida.
   > O autoconhecimento é fundamental!

2. Converse com o professor e os colegas sobre a frase do quadro anterior. Ela é um convite à pesquisa que será feita a seguir.

Tempo de pesquisar

Para se conhecer melhor, faça uma pesquisa sobre sua vida. Se necessário, peça a ajuda de um familiar.

1. Siga o roteiro abaixo.

   a) Nome completo: _____

   b) De quem foi a escolha de seu nome: _____
   _____

   c) Por que esse nome foi escolhido: _____
   _____

   d) Significado de seu nome: _____
   _____
   _____
   _____

e) Data de nascimento: _____

f) Cidade em que nasceu: _____

g) Seu peso e sua altura quando nasceu: _____

h) Seu peso e sua altura atualmente: _____

i) Nome de seus pais ou responsáveis: _____
_____

j) Nome de seus irmãos (se tiver): _____
_____

k) Nome das pessoas que moram com você: _____
_____

l) Nome da primeira escola em que estudou: _____
_____

m) Um fato marcante de sua infância: _____
_____

n) Time de futebol para o qual você torce: _____
_____

o) Prato predileto: _____
_____

p) Música preferida: _____
_____

q) Lugar onde mais gosta de passear: _____
_____

r) Nome de seus melhores amigos: _____
_____

s) Profissão que pretende seguir: _____
_____

t) Um grande sonho: _____
_____

2. Encerre a pesquisa com uma frase que defina quem é você.

_____

_____

Tempo de desenhar

Represente com um desenho um momento prazeroso e feliz que você vivencia na sua vida diária. Pode ser em casa, na escola ou em qualquer outro lugar.

> Minha tarefa é crescer a cada dia.
> Estudar, aprender e viver em harmonia.
> Minha tarefa é ser responsável, construir minha história com garra e energia.

2º Encontro

Não existe ninguém igual a mim

Sou gente e sou diferente. Não há ninguém igual a mim. Pode haver alguém parecido comigo, e há, tenho certeza, pois isso é muito comum. Mas, igual, nunca!

Nasci em uma família, na qual iniciei meu aprendizado e a construção de minha história. Faço parte dela, de uma sociedade, de um povo, de uma nação: sou do Brasil.

Minha responsabilidade é grande, pois minha história de vida não é significativa apenas para mim ou para minha família, mas para meu país e para o mundo. Isso porque se eu me torno uma pessoa boa, íntegra, honesta, inteligente, solidária e participativa, serei parte fundamental da sociedade em que vivo e do mundo.

Assim sendo, quero crescer e me tornar uma pessoa de mais valor a cada dia. Quero construir uma história com um rico aprendizado e valiosas experiências de vida. Isso faz a diferença!

Sei que minha realização pessoal depende, principalmente, de mim. É preciso acreditar, confiar, ter atitudes positivas, querer e fazer.

Tempo de conversar

Não existe ninguém igual. Você é único no mundo. O que isso significa para você?

Tempo de compartilhar

Agora vamos retomar as biografias feitas no 1º Encontro deste livro.

Forme dupla com um colega e leia para ele o resultado de sua pesquisa, ou seja, sua história de vida. Em seguida, ouça a história dele. Será um momento para aprender, trocar experiências, ouvir o outro e conhecê-lo melhor.

Pense e responda

1. O trabalho de pesquisar, elaborar e escrever sua história de vida foi uma experiência válida para você? Justifique sua resposta.

   _____
   _____
   _____

2. A experiência de trocar histórias com um colega, ouvir o relato dele e ser ouvido por ele foi importante para você? Por quê?

   _____
   _____
   _____

3. O que, nas histórias de cada colega seu, mostra que somos únicos e especiais?

   _____
   _____
   _____
   _____

4. Para você, que importância tem as pessoas que participam da construção de sua história de vida?

_____
_____
_____
_____

Divirta-se e aprenda

Observe a imagem a seguir. Nela há pontinhos numerados de 1 a 36 e, junto deles, palavras que representam sentimentos, atitudes e características próprias das pessoas.

1. Ligue os pontos na ordem crescente dos números para descobrir a figura formada. Depois, pinte-a com suas cores preferidas.

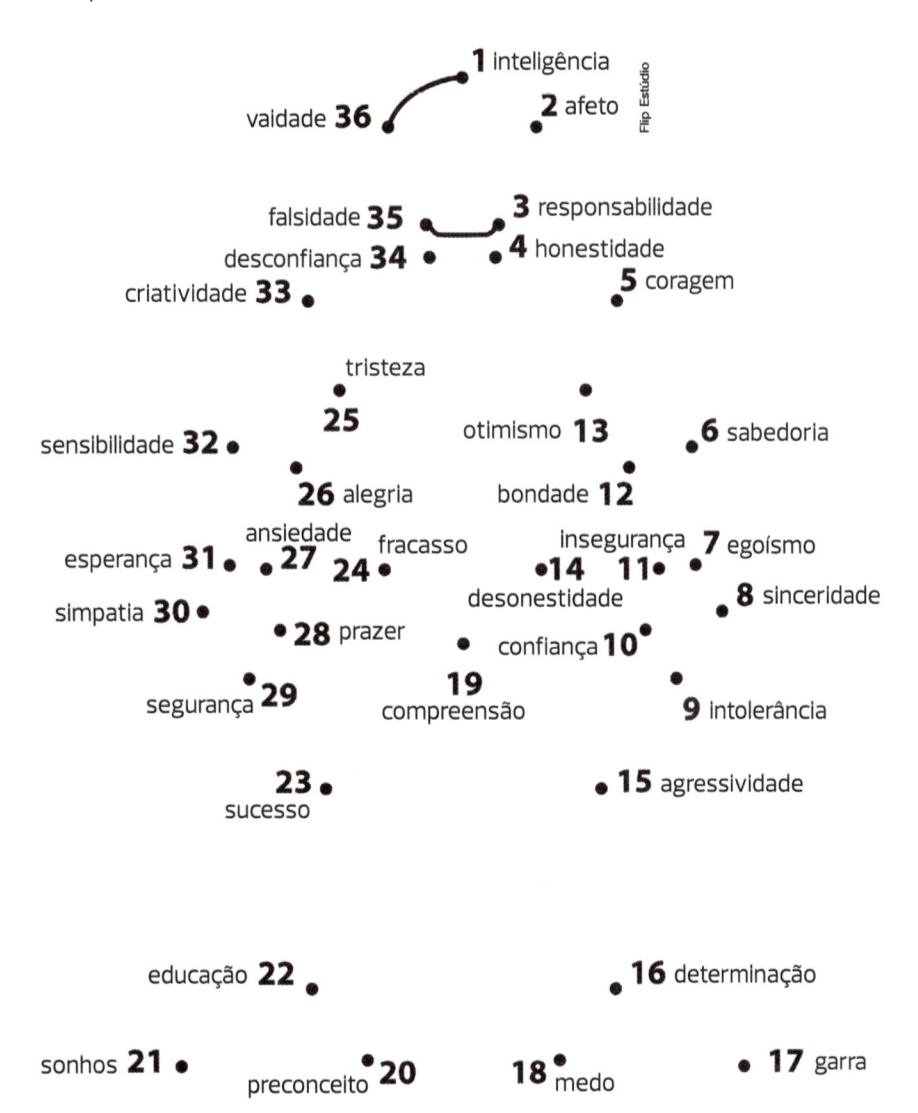

1 inteligência
2 afeto
vaidade 36
falsidade 35
3 responsabilidade
desconfiança 34
4 honestidade
criatividade 33
5 coragem
tristeza
25
sensibilidade 32
otimismo 13
6 sabedoria
26 alegria
bondade 12
ansiedade
insegurança
7 egoísmo
esperança 31
27 24 fracasso
14 11
simpatia 30
desonestidade
8 sinceridade
28 prazer
confiança 10
segurança 29
19 compreensão
9 intolerância
23
sucesso
15 agressividade
educação 22
16 determinação
sonhos 21
preconceito 20
18 medo
17 garra

2. Agora, complete a frase.

   Eu formei a imagem de uma _____.

3. Que relação existe entre uma pessoa e as palavras que formaram essa imagem?

   _____
   _____
   _____

4. Entre os valores que formaram a figura, quais fazem parte de sua personalidade e de suas características?

   _____
   _____
   _____
   _____

Tempo de aprender fazendo

Existem diferentes maneiras de falar de si mesmo. Você pode fazer um autorretrato oral, escrito ou desenhado, como muitos artistas fizeram.

Veja a seguir alguns exemplos famosos.

Vincent van Gogh. *Autorretrato*, 1889. Óleo sobre tela, 65 cm × 54 cm.

Tarsila do Amaral. *Autorretrato* (Manteau Rouge), 1923. Óleo sobre tela, 73 cm × 60,5 cm.

1. Depois de conversar sobre sua história, você está preparado para fazer seu autorretrato. Capriche!

2. Troque de livro com o colega ao lado para que ele veja seu trabalho e você veja o dele.

3. Uma boa convivência nos faz especiais para aqueles que vivem conosco. Escreva a seguir uma mensagem para seu colega.

_____
_____
_____
_____
_____
_____
_____

Tempo de ler e aprender

Leia o poema que segue.

Sou único

Sou único, sou gente e sou diferente
Sou singular e também sou consciente
Sou pessoa, um ser mutante
Cresço e aprendo a todo instante

Não sou melhor, nem pior
Que aquele que vive ao meu lado
Mas, muita coisa eu aprendi
Viver é transformar, é evoluir

Sou único, sou consciente
Sou capaz e inteligente
Posso raciocinar, criar, ir em frente
Isso me dá poder
O que importa é entender
Que neste mundo de tanta gente
É possível respeitar, amar, cuidar
É possível viver e conviver com o diferente

Margarida Regina de Almeida.

3º Encontro

Viver é crescer e aprender a cada dia

Crescimento pessoal é o modo de ser, estar e permanecer em constante questionamento e mudança. Ninguém nasce grande no tamanho e nem na sabedoria. Você cresce um pouquinho a cada dia: na estatura, na capacidade de entender as coisas, na maneira de se relacionar com as pessoas e na compreensão da vida.

Nosso crescimento pessoal é a soma de tudo que aprendemos com as pessoas, com os livros, com a televisão, com o computador, com o mundo que nos rodeia. Aprendemos e crescemos ao mesmo tempo e sempre! O aprendizado acontece a todo instante: em casa, na escola, na rua, em qualquer lugar.

A vida é assim, uma evolução constante. Tudo vai se transformando: tamanho, força física, aparência, capacidade de entender, de aprender e fazer as coisas. Aos poucos você vai se conhecendo, aceitando-se como é: uma pessoa com limitações e qualidades. O importante é você compreender que viver é aprender e crescer a cada dia com responsabilidade.

O crescimento pessoal exige garra, confiança, autoestima, estudo, criatividade, determinação e cuidado. Crescimento é a construção e o desenvolvimento dos próprios valores, das habilidades, com base na experiência de vida e na herança cultural.

Crescer é assumir a responsabilidade pela formação de sua pessoa, de sua história de vida.

Tempo de conversar

1. Releia os dois últimos parágrafos do texto que estão sublinhados e converse com o professor e os colegas sobre eles.

2. Diante do que o texto afirma, dê sua opinião: O crescimento pessoal é uma tarefa fácil?

Pense e responda

1. O que você faz para:

   a) ter um crescimento físico saudável?

   _____
   _____
   _____

   b) desenvolver-se intelectualmente?

   _____
   _____
   _____

2. Para crescer é preciso ter metas e objetivos. Você concorda com essa afirmativa? Por quê?

   _____
   _____
   _____

3. Todo desenvolvimento humano significa crescimento? Justifique sua resposta.

   _____
   _____
   _____

> O crescimento físico e intelectual deve sempre estar relacionado ao desenvolvimento ético e moral.

Tempo de aprender fazendo

1. Complete o diagrama de palavras e descubra os valores que contribuem para nosso crescimento.

				C		I		A		O		
			C	R		G		M				
A		T		E	S			M	A			
		E		S				O				
C		P	A	C		T		Ç	Ã			
C			F	I		N	Ç					
		C		M	P		M	I		S	O	
	D			E	R		I	N		Ç	Ã	
R		P	O	N		B	I		D	A		E
				T	R			L	H			
T	A		E	N	O							

2. Qual desses valores fazem parte do compromisso com seu crescimento diário?

_____
_____
_____

3. Elabore uma frase com a palavra **crescimento**.

_____
_____
_____

4. Estabeleça a relação entre autoestima, determinação e crescimento pessoal.

_____
_____
_____
_____

5. Recorte de jornais e revistas imagens e palavras que mostrem atividades ou atitudes que contribuem para seu desenvolvimento e crescimento intelectual. Cole-as a seguir.

6. Elabore um pequeno texto sobre a importância do crescimento físico e intelectual na vida das pessoas.

_____
_____
_____
_____
_____
_____
_____

NÃO SE ESQUEÇA! VOCÊ É O PRINCIPAL RESPONSÁVEL POR SEU CRESCIMENTO E PELA CONSTRUÇÃO DE SUA HISTÓRIA DE VIDA.

Tempo de ler e aprender

A pessoa que impedia o seu crescimento

Uma empresa estava em situação muito difícil: as vendas iam mal, os trabalhadores estavam desmotivados, os balanços há meses não saíam do vermelho. Era preciso fazer algo para reverter o caos. Ninguém queria assumir nada. Pelo contrário, o pessoal apenas reclamava que as coisas andavam ruins e que não havia perspectiva de progresso na empresa.

Eles achavam que alguém deveria tomar a iniciativa de reverter aquele processo.

Um dia, quando os funcionários chegaram para trabalhar, encontraram na portaria um enorme cartaz no qual estava escrito:

"Faleceu ontem a pessoa que impedia o seu crescimento na empresa. Você está convidado para o velório na quadra de esportes."

No início, todos se entristeceram com a morte de alguém, mas, depois de algum tempo, ficaram curiosos para saber quem estava bloqueando o crescimento deles na empresa.

A agitação na quadra de esportes era tão grande que foi preciso chamar os seguranças para organizar a fila do velório. Conforme as pessoas iam se aproximando do caixão a excitação aumentava: "Quem será que estava atrapalhando o meu progresso? Ainda bem que esse infeliz morreu."

Um a um, os funcionários agitados aproximavam-se do caixão, olhavam o defunto e engoliam em seco, ficando no mais absoluto silêncio, como se tivessem sido atingidos no fundo da alma.

Pois bem, certamente você já adivinhou que no visor do caixão havia um espelho.

Alexandre Rangel. *As mais belas parábolas de todos os tempos.* Belo Horizonte: Leitura, 2002. v. 1. p. 242-243.

Tempo de conversar

Converse com o professor e os colegas sobre as seguintes questões.

1. O que os diretores da empresa quiseram mostrar aos funcionários por meio desse velório simbólico?

2. Como você classifica a atitude dos diretores da empresa: inteligente, criativa, ousada, exagerada? Por quê?

3. De que outro modo você motivaria os funcionários?

Tempo de aprender fazendo

1. Sublinhe no texto da página 29 as frases que mostram o descaso dos funcionários com o crescimento pessoal e profissional deles.

2. Marque um **X** nas alternativas que completam o sentido da afirmativa a seguir.

   Eu prejudico meu crescimento pessoal quando:
   - ☐ não tenho uma alimentação adequada.
   - ☐ me preocupo em crescer como uma boa pessoa.
   - ☐ não pratico esporte.
   - ☐ não levo a sério meus estudos.
   - ☐ troco uma boa noite de sono pelo computador ou pela televisão.
   - ☐ bebo pouca água.
   - ☐ não cuido da minha higiene corporal.
   - ☐ tenho uma boa convivência com minha família e meus amigos.
   - ☐ tenho preguiça de fazer as coisas.

3. Reescreva no caderno, com suas palavras, a afirmação a seguir.

   > O crescimento pessoal depende de minha autoestima, de aceitar os desafios, sonhar e lutar pelos meus sonhos, usar as armas do conhecimento: inteligência, criatividade e determinação.

4º Encontro

Fazer escolhas: um aprendizado contínuo

Fazer escolhas faz parte da vida de todos os seres humanos e também de nosso crescimento pessoal. Optar por um caminho ou outro depende de nosso amadurecimento.

À medida que crescemos, podemos fazer mais escolhas. Por exemplo, quando somos bebês, não escolhemos o que comer, o que vestir ou aonde ir, mas, quando crescemos, passamos a fazer essas escolhas e muitas outras.

Escolher é um grande desafio e uma enorme responsabilidade. Escolher como se comportar na escola, como conviver com a família e como cuidar da saúde; escolher um amigo, um namorado ou uma namorada, uma profissão... Por isso, escolher está relacionado ao amadurecimento, à responsabilidade, pois nossas escolhas podem definir como viveremos e de que maneira nos desenvolveremos no dia a dia.

Diariamente, temos de fazer escolhas: ir ou não para a escola, fazer as tarefas ou brincar, prestar atenção às aulas ou conversar, dizer a verdade ou mentir. Escolhemos um livro a ser lido, as pessoas com as quais vamos conviver, de quais grupos sociais participaremos, quem queremos como amigos, que tipo de convivência teremos com as pessoas, como vamos nos relacionar com a natureza e assim por diante.

Saber escolher é uma questão de inteligência e sabedoria. Uma boa ou uma má escolha pode definir nossa vida.

Tempo de conversar

1. Por que uma boa ou uma má escolha podem definir nossa vida?
2. Você concorda que saber fazer escolhas é uma questão de inteligência e sabedoria? Por quê?

Tempo de aprender fazendo

1. Saber escolher faz parte do nosso crescimento diário. Hoje você deverá determinar seis compromissos para vivenciar durante a semana. Você contará sua semana a partir do Encontro de hoje até o próximo. O domingo não conta.

   - Algumas ideias para ajudar na escolha de seus compromissos diários: fazer os deveres com responsabilidade; ajudar na organização da casa; manter o quarto arrumado; participar das aulas com respeito e atenção etc.

1º dia	2º dia	3º dia	4º dia	5º dia	6º dia

2. Agora chegou o momento de avaliar sua semana de escolhas. Responda às perguntas a seguir.

   a) Você conseguiu cumprir os compromissos diários?
   _____
   _____

   b) Suas escolhas foram benéficas para você? Justifique sua resposta.
   _____
   _____

Que tal uma história?

Leia a história a seguir e observe como é importante saber escolher e como algumas escolhas individuais podem repercutir na vida de todos.

Taíssa tem 10 anos e mora com sua família, formada por sua mãe, Cláudia, e seu irmão mais novo, Frederico, que tem 7 anos.

Dona Cláudia conversou com os filhos e pediu aos dois que a ajudassem nas tarefas de casa. Assim, Frederico ficou encarregado de guardar os brinquedos, e Taíssa de levar o lixo até a rua de cima nos dias em que passava a coleta seletiva.

Como havia um rio na esquina de sua casa, Taíssa achou que seria melhor jogar o lixo diretamente no rio. Na verdade, Taíssa tinha vergonha de andar com o lixo pela rua.

E assim foram se passando os meses até que um dia choveu muito, muito forte. Com a tempestade, o volume de água do rio aumentou. O rio foi enchendo, enchendo... até transbordar.

A enchente inundou as casas mais próximas ao rio e muitas famílias foram prejudicadas. Taíssa não imaginava que o lixo que vinha jogando no rio estava se acumulando algumas ruas abaixo, exatamente no lugar onde a água deveria escoar.

Texto especialmente escrito para esta obra.

Tempo de conversar

1. Qual é sua opinião sobre a escolha de Taíssa?
2. Quais foram as consequências da escolha de Taíssa?
3. Você pensa nas consequências de suas atitudes antes de fazer uma escolha e agir?
4. Se você estivesse com Taíssa naquele momento, o que teria feito?

Tempo de ler e aprender

Cruel dilema

Ir ou não ir
à escola...

Fazer da terça,
domingo.
Fazer da tarde,
recreio.
Fazer da classe,
preguiça.
Fazer da aula,
passeio...

Ir ou não ir
à escola...

Trocar a carteira
pela rua.
Trocar a prova
pelo vento.
Trocar a mochila
pelo sol.
Trocar o futuro
pelo momento.

Ir ou não ir
à escola...

**Aprender a fazer,
olhando.
Aprender a falar,
ouvindo.
Aprender a saber,
fazendo.
Aprender a viver,
vivendo.**

Ir ou não ir
à escola...

Eis a maior,
a única,
a verdadeira questão!

Carlos Queiroz Telles, 1936-1993.
Sementes de sol. 2. ed. São Paulo:
Moderna, 2003. p. 8.

Tempo de aprender fazendo

Forme uma dupla, de acordo com a orientação do professor, para fazer as atividades que seguem.

1. Que relação existe entre o poema de Carlos Queiroz Telles e o tema do Encontro de hoje?

___
___
___
___

2. Releiam a estrofe em destaque. O que vocês acham dessas escolhas? Que importância elas têm para nossa vida?

___
___
___
___

3. O acróstico é um texto escrito com as letras de uma palavra escrita na vertical, e de cada letra outras palavras são formadas. Pode-se utilizar o nome de uma pessoa para formar adjetivos que expressem as qualidades dela.

Inteligente
Saudável
Idealista
Sonhadora

- Escreva um acróstico com a palavra **escolha**. Forme palavras ou frases, como preferir.

E ___
S ___
C ___
O ___
L ___
H ___
A ___

35

> Nossa vida é feita de escolhas. Em muitos momentos de nossa vida, precisamos fazer escolhas sérias e desafiadoras. Por isso, devemos nos preparar constantemente para que a nossa vida seja uma soma de boas e sábias escolhas.

4. Reescreva com suas palavras as frases a seguir.

a) Uma escolha errada pode ter consequências desastrosas e impedir minha realização pessoal.

_____
_____
_____

b) Uma escolha certa resultará em crescimento, alegrias, sucesso e contribuirá para minha realização como pessoa.

_____
_____
_____

Tempo de compartilhar

Converse com o professor e os colegas sobre as seguintes questões.

1. Leia, pense e responda oralmente.

a) Se você tivesse de escolher entre se alimentar bem e comer tudo o que tem vontade, o que escolheria?

b) Se você tivesse de escolher entre ir à escola estudar e aprender e não ir à escola, o que escolheria?

c) Se você tivesse de escolher entre ser verdadeiro e ser mentiroso, o que escolheria?

2. Agora, avalie as consequências negativas e positivas de cada uma dessas escolhas e anote-as a seguir.

a) Negativas: _____
_____

b) Positivas: _____
_____

5º Encontro

Cidadania: uma questão de direitos e deveres

Cidadão é uma pessoa que tem direitos e deveres a serem exercidos na sociedade. **Cidadania** é a prática desses direitos e o cumprimento desses deveres.

Direito é tudo aquilo que oferece garantias aos seres humanos em uma sociedade, legalizando e legitimando sua cidadania.

Dever é tudo o que as pessoas devem fazer para conservar um bom comportamento e uma boa conduta de acordo com a lei. Trata-se de uma obrigação que homens e mulheres precisam acatar e à qual devem obedecer.

Fazemos parte de um mundo formado por nossa família, pelo bairro, pela cidade, pelo estado e pelo país onde vivemos e convivemos com os outros. E o respeito pelas leis e pelas regras de convivência contribuem muito para a harmonia e a paz entre as pessoas. A prática da cidadania é fundamental para o desenvolvimento de um país.

Um bom cidadão é aquele que zela pelo respeito ao que é público, pelo respeito às pessoas e pelo cuidado com os locais que frequenta. O cidadão consciente evita a violência, a discórdia e o conflito, zelando pela paz.

Tempo de ler e aprender

Para que você entenda melhor o que são direitos e deveres do cidadão, leia os exemplos a seguir.

Texto 1

João foi assaltado no centro de sua cidade. Ele viu o carro da polícia, que estava bem próximo, e gritou pedindo ajuda. O policial imediatamente saiu correndo pelas ruas estreitas atrás do bandido, que estava armado. O policial arriscou sua vida exercendo a cidadania, agiu como um cidadão consciente de seu dever.

Texto 2

Dona Emerenciana estava com fortes dores no abdome. Ela procurou o posto de saúde mais próximo de sua casa. Ficou horas esperando e não havia sequer uma maca para que ela se deitasse. Havia apenas um médico atendendo e várias pessoas com problemas sérios para serem atendidas.

Dona Emerenciana não aguentou a espera e voltou para casa sentindo fortes dores. Ela tem consciência de seu direito à saúde, porém ela não foi atendida.

Texto 3

A rua em que Élida mora é bem arborizada, e em volta de cada árvore há um pequeno canteiro com plantas decorativas. Nos fins de semana, Élida e seu pai adubam e regam as plantas e depois recolhem os galhos e as folhas secas para que não sejam levados pelas águas da chuva. Eles assumiram a tarefa de proteger as plantas, a rua e a cidade. Eles entendem que têm o direito de ter uma rua limpa e bem cuidada e o dever de preservar o espaço público e zelar pelo bem comum.

Textos escritos especialmente para esta obra.

Tempo de conversar

1. Analise a atitude de cada um dos personagens dos fatos narrados. Depois, circule as frases que mostram onde faltou cidadania e sublinhe as frases em que a cidadania foi exercida.

2. Converse com o professor e os colegas sobre esses textos. Você acha que ações desse tipo acontecem na nossa vida diária?

3. Quais seriam as consequências se todas as pessoas agissem sempre como cidadãos conscientes, responsáveis, cumpridores dos seus deveres?

4. De que maneira os governantes podem ajudar a sociedade a melhorar sua qualidade de vida e exercer seus direitos e deveres de cidadãos?

Tempo de aprender fazendo

Escreva um pequeno texto que mostre o que você entendeu e aprendeu sobre cidadania. Depois, compartilhe-o com o professor e os colegas.

_____
_____
_____
_____
_____
_____
_____
_____
_____

Direito é tudo aquilo que oferece garantias aos seres humanos em uma sociedade, legalizando e legitimando sua cidadania. O artigo 21 da Declaração Universal dos Direitos Humanos garante: "Todo ser humano tem igual direito de acesso ao serviço público de seu país".

Dever é tudo o que os seres humanos devem ou não devem fazer, a fim de preservar e organizar a sociedade em que vivem. Trata-se de regras, de leis, que devem ser respeitadas e obedecidas.

O RESPEITO A NOSSOS DIREITOS E DEVERES FAZ PARTE DA CONSTRUÇÃO DE UM MUNDO MELHOR. UMA NAÇÃO SÓ CRESCE E SE DESENVOLVE SE SEU POVO EXERCER A CIDADANIA!

Saulo Nunes Marques

Tempo de pesquisar

Forme uma dupla para fazer as atividades que seguem.

1. Façam uma pesquisa para conhecer os direitos e deveres das crianças. Escolham um dos direitos que encontrarem e descubram qual é o dever correspondente a esse direito. Escrevam-nos a seguir.

    a) Direito: _____
    _____
    _____

    b) Dever: _____
    _____
    _____

2. Partilhe com os colegas e o professor o resultado de sua pesquisa.

Tempo de desenhar

Esta cena mostra uma atitude de empatia e cidadania, porém está incompleta. Termine de desenhar as crianças e pinte-a.

Pense e responda

1. Quais direitos das crianças estão presentes na cena que você completou?
   _____
   _____
   _____

2. Qual é sua opinião sobre como nós, brasileiros, exercemos a cidadania?
   _____
   _____
   _____
   _____

3. Você é um cidadão ou uma cidadã que já conhece seus direitos. Pense agora em seus deveres e anote três deles a seguir.
   _____
   _____
   _____
   _____

> Ser cidadão é meu dever. Ser responsável, honesto e verdadeiro. Cumprir meu papel, meus direitos conhecer. Promover o bem e a injustiça combater.

TEMPO DE AGRADECER

Deus de todas as crianças, de todos os povos, de todas as etnias e de todas as religiões, sou gente, tenho sentimentos e, por isso, quero agradecer pela vida, pela minha capacidade de aprender, escolher e crescer.

Ajude-me a agir sempre com responsabilidade, fazer boas escolhas na vida, para que eu possa ser um cidadão consciente, capaz de contribuir para a construção de um mundo melhor, mais justo e feliz para todos. Amém!

MEMÓRIA DO MOMENTO

Querido aluno,

Terminamos o Momento 1 do livro!

Faça uma breve revisão dos Encontros deste Momento e responda às questões a seguir.

1. Qual Encontro deste Momento foi mais significativo para você? Por quê?

   _____
   _____
   _____
   _____

2. Elabore um pequeno texto que expresse como os Encontros deste Momento ajudaram você a ser uma pessoa melhor.

   _____
   _____
   _____
   _____
   _____
   _____
   _____
   _____
   _____
   _____
   _____

3. Retome os textos deste Momento e selecione uma frase ou um pequeno trecho cuja mensagem você julga importante para sua vida. Reescreva a frase ou o trecho no espaço abaixo.

   _____
   _____
   _____

RECADO AOS PAIS OU RESPONSÁVEIS

Olá! Terminei o Momento 1 deste livro!

Refleti sobre temas muito importantes para meu crescimento e minha realização pessoal. Sei que vou ter de fazer muitas escolhas na vida, mas uma delas eu já fiz: quero ser um bom filho ou boa filha, uma boa pessoa e colaborar na construção de um mundo melhor. Conto com vocês!

Vejam as atividades que realizei e escrevam aqui a opinião de vocês sobre mim e meu trabalho.

_____
Assinatura do aluno

_____
_____
_____
_____
_____
_____
_____
_____
_____
_____
_____
_____
_____
_____

_____
Assinatura dos pais ou responsáveis

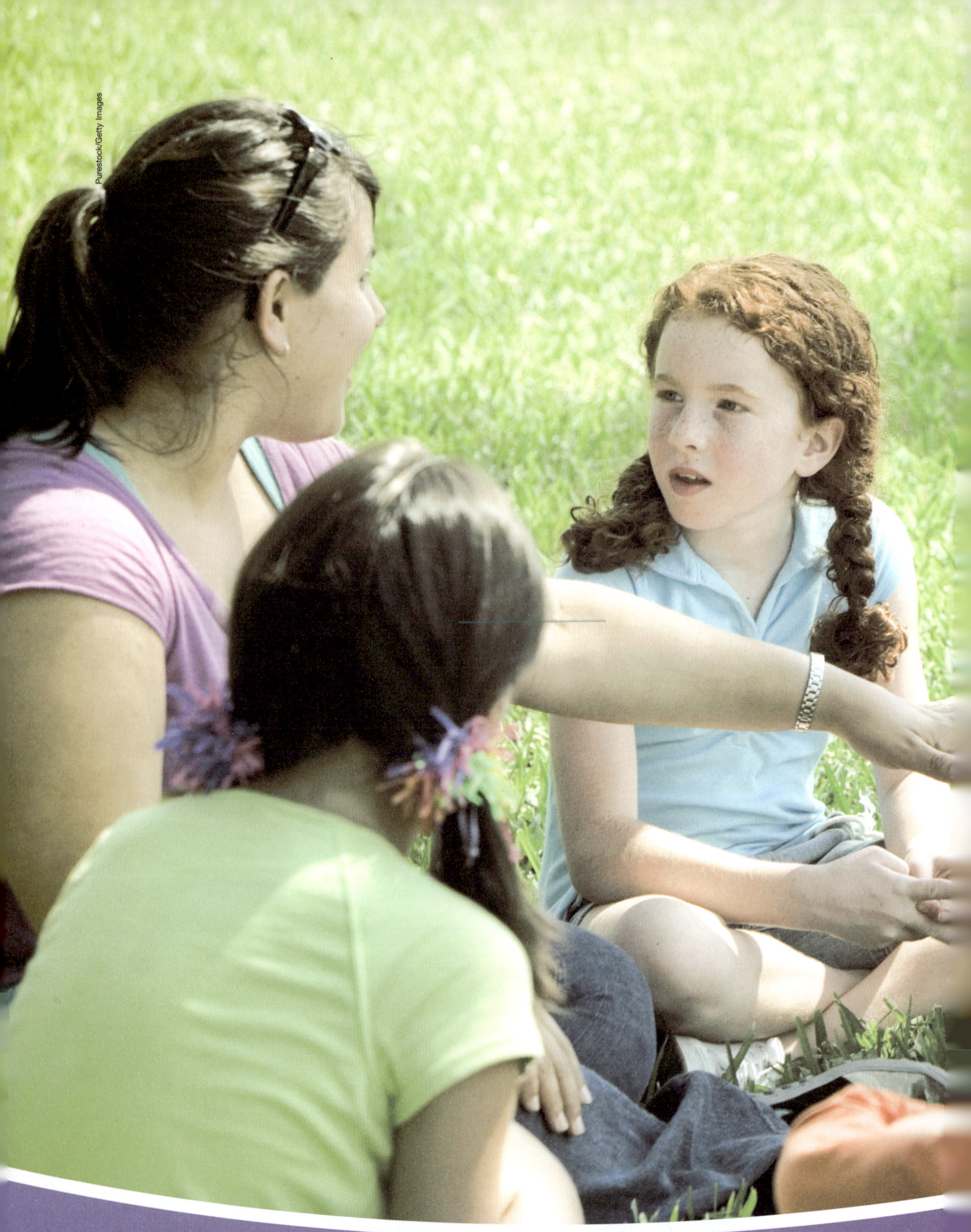

Purestock/Getty Images

MOMENTO

2

A importância da convivência para meu crescimento e minha realização

6º Encontro

Cuidando da vida: preciosa e frágil

Todos precisam se empenhar ao máximo para cuidar de sua vida e ajudar o outro a cuidar da dele. Para isso, devemos sempre cumprir nossos deveres, exercer nossos direitos e procurar escolher o melhor caminho.

A vida é preciosa. Devemos cuidar dela e protegê-la para que não enfraqueça, mas seja longa e feliz.

Por isso, a saúde é fundamental, é tudo de melhor que podemos ter. É preciso lembrar, então, de que nossa qualidade de vida depende, principalmente, de nós mesmos.

Muitas atitudes podem nos ajudar a ter uma vida mais feliz, como nos alimentar de maneira saudável, tomar a quantidade de água recomendada, fazer atividades físicas com frequência, dormir o tempo necessário para repor as energias do corpo, nos relacionar bem com as pessoas com as quais convivemos, fazer boas amizades, estudar e aprender coisas novas todos os dias. O bom humor também melhora nossa qualidade de vida.

Viver é uma arte que deve ser aprendida a cada dia.

Respeite sua vida e a vida de todos. Ela deve ser vivida plenamente, com responsabilidade e muita gratidão!

Tempo de conversar

1. O que você entende por qualidade de vida?
2. Quem é o principal responsável por sua qualidade de vida? Por quê?

Tempo de ler e aprender

Nada sobrevive sem o cuidado! Sem cuidado não há vida! Nascemos para cuidar e ser cuidados. O cuidado deve ser a essência do ser humano.

Atenção, gentileza, carinho e cuidado são essenciais em toda e qualquer relação.

Viver é proteger, zelar, cuidar!

Sempre que olhamos em volta percebemos que as pessoas precisam aprender a importância do cuidado com a vida. Infelizmente, em toda parte nos deparamos com o enorme descuido delas.

- ruas repletas de lixo;
- muros e viadutos pichados;
- escolas depredadas;
- hospitais em condições precárias de atendimento à população;
- rodovias esburacadas e com péssima sinalização;
- praças destruídas;
- desperdício de água e energia elétrica etc.

Como consequências da falta de cuidado, podemos citar o desrespeito à natureza ou ao patrimônio público, a violência, a desonestidade, a falta de lealdade nas relações interpessoais, entre outras.

Em geral, notamos também um grande desrespeito à vida: descuido com a alimentação, ausência de exercícios físicos, falta de higiene corporal, carência de lazer e de atividades que ajudem a conquistar o bem-estar físico e mental. E quantas vezes descuidamos das relações familiares!

Tem aumentado o número de pessoas, principalmente adolescentes e jovens, que se entregam às bebidas alcoólicas e a outras drogas, destruindo, aos poucos, a vida. Isso é muito triste. A vida é nosso bem mais precioso.

Devemos cuidar da saúde de nosso corpo e de nossa mente. Somos nós os principais responsáveis por ela. Devemos respeitar e proteger com garra nossa vida e a vida daqueles que nos cercam.

Tempo de conversar

1. Procure no dicionário o significado da palavra **cuidado** e converse com os colegas e o professor.
2. Você se considera uma pessoa cuidadosa? Por quê?

Que tal uma história?

Os funcionários da prefeitura chegaram para cortar uma árvore que crescera muito e, por isso, arrebentara o passeio de uma residência, atingira os fios elétricos e estava prejudicando a passagem dos pedestres.

Da varanda, na frente, o senhor João, dono da residência, assistia atenciosamente ao andamento dos trabalhos.

Quando a árvore foi ao chão, João viu cair também, no passeio, um ninho de pássaros com alguns ovos. Alguns quebraram ao cair, outros resistiram à queda. Ele foi até lá, pegou o ninho, o refez com carinho, recolocou os ovos no lugar, subiu em uma escada e o prendeu bem alto, na folha de uma palmeira que havia em seu jardim, de maneira que os ovos não ficassem muito expostos à chuva e ao sol.

Pouco tempo depois, chegou o casal de pássaros. Eles voaram de um lado para outro, desesperados, procurando a árvore e o ninho. João observava tudo de longe, como se desejasse protegê-los e ajudá-los a encontrar a nova moradia. Não demorou muito e a mãe pássaro reconheceu seu ninho. Ali ela permaneceu dias e dias. Então, três filhotes nasceram. João, feliz, passou a acompanhar o desenvolvimento deles.

Assim, numa bela tarde de início da primavera, eles já não estavam mais no ninho. Ganharam a vida e a liberdade.

No lugar da árvore arrancada, Joao plantou outra, de menor porte, que está lá cumprindo seu papel de embelezar a cidade, purificar o ar e acolher novos ninhos.

Margarida Regina de Almeida.

Tempo de conversar

1. A atitude do personagem João está relacionada ao cuidado com a vida? Por quê?
2. Sublinhe no texto os trechos que mostram o cuidado com a vida e converse com os colegas e o professor sobre eles.

Tempo de aprender fazendo

1. O personagem da história mostrou, pelas suas atitudes, que é dotado de muitos valores. Marque apenas os princípios que você julga corretos.

   - [ ] Sensibilidade.
   - [ ] Respeito e cuidado com a vida.
   - [ ] Descuido com os animais.
   - [ ] Amor à natureza.
   - [ ] Capacidade de ver com os sentimentos.
   - [ ] Preocupação com o bem comum.
   - [ ] Indiferença.
   - [ ] Compaixão.

2. Observe a ilustração da página 48. Estabeleça a relação entre ela e o tema do Encontro e elabore um pequeno texto sobre o cuidado com a vida, inspirando-se nela.

   _____
   _____
   _____
   _____
   _____
   _____
   _____

Recorte e cole

1. Recorte de jornais e revistas imagens que representam o cuidado com a vida (dos animais, das plantas, das pessoas) e cole-as no espaço a seguir.

2. Crie um pequeno texto que expresse o significado da sua colagem.
   _____
   _____
   _____
   _____

Pense e responda

Forme uma dupla para fazer as atividades a seguir.

1. Observem, com atenção, as imagens. Conversem sobre elas e respondam às questões que seguem.

2. Que relação existe entre essas imagens e o tema do Encontro de hoje?
_____
_____

3. O que você pode fazer — em casa, na rua, na escola — contra essas ameaças à vida? Anote três coisas que você pode fazer no seu dia a dia.
_____
_____

TEMPO DE CANTAR

Vida

A vida é um bem maior
Dela devemos cuidar
Se bem vivida, a vida é bela
Nossa tarefa é preservar!

Em cada dia viver,
Amar, sorrir, desfrutar
Com intensidade, com toda verdade
E cada minuto valorizar!

O amanhã é incerto
Certo é o valor que a vida tem
Viva em plenitude
Cultive a paz, a alegria, semeie o bem!
Viva!

Margarida Regina de Almeida.

7º Encontro

O outro e eu: o aprendizado da convivência

Existimos para viver e conviver com as pessoas.

O convívio com o outro é uma grande oportunidade de aprendizado e crescimento para nós.

Vivemos em sociedade durante toda a vida e o aprendizado por meio do convívio com o outro vai acontecendo aos poucos. Ele se torna cada vez mais eficiente e determinante para a formação de nossa personalidade.

Ao lado da família, dos colegas e amigos, das pessoas com as quais convivemos, vamos nos descobrindo, nos conhecendo e, assim, nos fortalecendo e nos preparando para o futuro. Por isso, é fundamental compreender a importância da presença do outro no dia a dia e criar com ele uma relação de respeito, afeto e partilha.

Uma convivência saudável na família, na escola ou em qualquer outro lugar é fator de alegria, saúde, bem-estar e prazer.

A convivência e o aprendizado de hoje contribuirão, com eficácia, para sua realização pessoal no futuro. Uma convivência saudável é fonte de saúde e de vida.

Tempo de conversar

Troque ideias com os colegas e o professor sobre o texto lido.

Tempo de aprender fazendo

1. Complete o texto com as palavras do quadro.

> todo – importância – isolados – mundo – vitórias – construção
> compartilhá-las – sociedade – sozinhos – conquistas

Não somos uma ilha, não podemos viver _____ uns dos outros, fechados em nós mesmos como caracóis. Cada um de nós é parte de um _____ maior, de uma _____.

De que valem todas as _____ e _____ da vida, se não temos com quem _____?

Não viemos a este _____ para nos realizarmos _____. O desafio é compreender a _____ do outro em nossa caminhada e a valiosa contribuição que ele pode dar na _____ de nossa história de vida.

2. As pessoas com as quais você convive contribuem de maneira muito eficaz em seu aprendizado, seu crescimento e sua realização pessoal. Liste algumas dessas contribuições.

_____
_____
_____
_____
_____

> Precisamos valorizar a presença do outro no dia a dia e a contribuição que dele recebemos na construção de nossa história de vida.

Divirta-se e aprenda

1. Complete o diagrama com palavras que representam valores essenciais para uma convivência saudável e feliz.

2. Escolha quatro valores do diagrama e escreva uma frase com cada um deles.

   I. _____

   II. _____

   III. _____

   IV. _____

Tempo de aprender fazendo

1. Formem cinco grupos de acordo com a orientação do professor. Cada grupo fará uma pequena dramatização representando cenas que mostram uma convivência saudável para os diversos cenários citados.

    a) Grupo 1: convivência entre pais e filhos.

    b) Grupo 2: convivência entre irmãos.

    c) Grupo 3: convivência entre avós e netos.

    d) Grupo 4: convivência entre colegas de turma.

    e) Grupo 5: convivência entre alunos e funcionários da escola.

2. Elaborem as falas de cada participante do grupo.

3. Façam um breve ensaio.

4. De acordo com a ordem estabelecida pelo professor, apresentem a cena para a turma.

5. Autoavaliação: Seu grupo conseguiu transmitir a mensagem de maneira clara e interessante, transmitindo aos colegas a ideia que queria? Justifique sua resposta.

    _____
    _____
    _____
    _____

6. Em sua opinião, qual é a relação entre a atividade de dramatização de que você participou com o tema do Encontro de hoje?

    _____
    _____
    _____
    _____

7. Você acha que a dramatização e o teatro são recursos de aprendizagem? Justifique sua resposta.

    _____
    _____
    _____

8º Encontro

Sensibilidade: razão dos sentimentos

Os sentimentos desempenham um papel fundamental em nossa vida porque eles ativam nossos pensamentos e nossas ações.

Todos experimentamos os mais diversos sentimentos e eles determinam nosso jeito de ver, perceber, compreender e nos relacionar com o mundo e com as coisas ao nosso redor. Precisamos ficar atentos a eles.

Alguns nos fazem mal: tristeza, raiva, inveja, angústia, insegurança etc. Outros nos fazem muito bem: alegria, esperança, felicidade, segurança, liberdade, amor, empatia, compaixão etc.

Mas, na verdade, os sentimentos não são em si nem bons nem ruins. Eles nos fazem bem ou mal dependendo da situação e de como reagimos a eles.

Por exemplo, o medo. Podemos sentir medo antes de atravessar uma avenida movimentada. Nesse caso, ele é importante, pois nos torna cautelosos em situações que colocam nossa vida em risco. Ele nos leva a refletir e fazer o que é certo: atravessar na faixa de pedestres.

Também podemos sentir inveja de um colega que é mais popular ou mais assediado. Mas, ao contrário do caso anterior, esse sentimento é prejudicial, pois nos impede de progredir: a inveja dificulta nossa aproximação com pessoas diferentes de nós.

Nossos sentimentos e nossas emoções também são responsáveis por nosso bem-estar. É muito importante saber lidar com eles de forma saudável, pois são os grandes motivadores de nossos pensamentos e nossas ações.

Todas as pessoas têm sentimentos. O importante é saber distinguir os bons e os ruins e aprender a se expressar, falar sobre eles e controlá-los de forma inteligente e saudável.

Pense e responda

1. Quais são os sentimentos que convivem com você no seu dia a dia?
   _____
   _____
   _____

2. Esses sentimentos fazem bem para você? Por quê?
   _____
   _____
   _____

3. Cite três sentimentos dos quais você gosta e três de que você não gosta.
   _____
   _____
   _____

Tempo de ler e aprender

A lata de sentimentos

Em alguma parte do tempo, em um país desconhecido, havia uma aldeia muito pequenina. Crianças e adultos, uma vez por mês, reuniam-se para jogar fora algumas de suas coisas. Coisas bem difíceis de serem tocadas, abraçadas ou carregadas no colo, pois eram os sentimentos e as emoções que as pessoas não gostavam de possuir. [...]

Um dia foi anunciado que um grande Mágico-Artista passaria por ali e ensinaria a todos uma maneira de transformar os sentimentos que não gostavam e não queriam mais.

Todos ficaram animadíssimos à espera de tal Mágico-Artista. [...]

E o Mágico-Artista, apenas com um gesto, pediu que cada um colocasse no centro aquilo que havia levado. Depois, ele fez um grande monte, pegou suas tintas e pincéis e começou a trabalhar.

Pintou cada parte daquela montanha de coisas com uma cor diferente, cada cor representando um sentimento difícil. Eram tantos os sentimentos e as cores que tudo ficou maravilhosamente colorido. Uma combinação que se transformou em uma montanha muito alegre e diferente.

As pessoas olhavam para ele e para a montanha colorida com uma mistura de estranheza e admiração. Pouco depois, o Mágico disse:

— Agora, gostaria que cada um de vocês chegasse mais perto da montanha e pegasse para si uma parte dela.

Eles acharam muito esquisito o pedido do mágico, afinal, o que colocaram ali eram exatamente os sentimentos de que não gostavam e não queriam mais! Por que pegariam algum de volta?

Mas o Mágico continuou:

— Fiquem tranquilos! Vocês não trouxeram todas essas coisas para mim à toa. Vou ajudá-los a descobrir que os sentimentos que trazemos dentro de nós, por mais duros que sejam, nunca podem ser jogados fora. O que podemos e devemos fazer é tentar transformá-los. [...]

Monica Guttmann. *A lata de sentimentos e seus caminhos*. 2. ed. São Paulo: Evoluir, 2015. p. 15-18.

Tempo de aprender fazendo

1. Sublinhe no texto a frase que resume a mensagem que o mágico deixa para nós.

2. Agora, reescreva essa mensagem com suas palavras.
___
___
___

3. Quando temos o cuidado de cultivar sempre bons sentimentos, nos tornamos pessoas melhores. Você concorda com isso? Por quê?
___
___

4. Imagine que você é um mágico e pode colocar bons sentimentos no coração das pessoas. Que sentimentos gostaria de semear no coração de todos que convivem com você?

_____
_____
_____

Divirta-se e aprenda

Observe as imagens e identifique os sentimentos que elas representam. Depois, crie uma frase sobre cada sentimento.

Tempo de ler e aprender

Coisas simples

Sabemos que, para viver com os outros, é preciso sensibilidade e respeito. Devemos praticar todos os dias coisas simples, das quais muitas vezes nos esquecemos. Por exemplo, usar algumas expressões importantes: por favor, obrigado, desculpe-me, com licença, eu gosto de você, você é importante para mim etc.

Lembre-se sempre do sentimento de empatia: coloque-se no lugar do outro também para avaliar as suas atitudes. Você gostaria de ser tratado do mesmo modo que trata as pessoas com as quais convive?

É muito difícil controlar nossos sentimentos, quase sempre eles escapam de nosso domínio, mas podemos e devemos controlar nossas ações, nossas atitudes. Somos responsáveis por elas e por suas consequências.

Sentimentos maus podem conduzir a consequências negativas; mas os sentimentos bons conduzem a atitudes saudáveis e construtivas, abrindo caminho para a harmonia, a paz e o bem-estar pessoal.

Margarida Regina de Almeida.

Tempo de conversar

1. O texto nos diz que é muito difícil controlar nossos sentimentos. Você concorda com essa afirmativa? Por quê?

2. Releia o trecho que está em destaque. O que ele nos ensina?

Pense e responda

Já que estamos falando de sentimentos, vamos terminar este Encontro expressando o que estamos sentindo.

1. Que sentimentos você tem neste momento (alegria, paz, insegurança, contentamento, confiança, saudade etc.)? Justifique sua resposta.

_____
_____
_____

2. Represente com um desenho, no espaço a seguir, o sentimento de **amor**.

9º Encontro

O respeito às diferenças e o valor da diversidade

A palavra **diversidade** é definida pelo dicionário *Aurélio* como "a qualidade ou a condição do que é diverso, diferente". As diferenças existem, mas isso não faz com que uma pessoa seja melhor ou pior do que outra. São apenas maneiras distintas de ser, de se expressar, de se vestir, de se relacionar e de viver. Ser diferente é normal. A diversidade está em todos os lugares e em todos os momentos, e é por meio dela que a sociedade se enriquece culturalmente. Assim como as pessoas são diferentes, as culturas também são.

A diversidade humana é muito importante, pois possibilita crescimento e aprendizado. O mundo é muito complexo. Por isso, é essencial que haja pessoas com maneiras de pensar e agir diferentes. Precisamos delas para ajudar na resolução dos mais diversos problemas. Se todos fôssemos iguais, seríamos pobres culturalmente e nossa vida seria bem menos divertida.

Vivemos em um mundo em constante mudança. A cada dia, as pessoas estão mais dispostas e determinadas a ser quem realmente desejam ser e a se expressar com liberdade. Por isso, é fundamental que todos nós aprendamos, desde cedo, a importância de respeitar o próximo e de entender que somos todos iguais em direitos e deveres. É necessário valorizar e respeitar as diferenças entre as pessoas. Isso faz parte do cuidado com o outro. Só assim podemos construir um mundo de paz e harmonia. Todos têm o seu valor!

Tempo de conversar

1. Quais são os valores humanos necessários para conviver com a diversidade?
2. Troque ideias com os colegas e o professor sobre a importância da diversidade humana para a sociedade.

Tempo de ler e aprender

Um sujeito está colocando flores no túmulo de um parente quando vê um homem chinês colocando um prato de arroz no túmulo ao lado.

Ele se vira para o homem chinês e pergunta-lhe:

— Desculpe, mas o senhor acha mesmo que o falecido virá comer o arroz?

E o chinês responde-lhe:

— Sim, quando o seu vier cheirar as flores!

Respeitar as opções e as crenças do outro, em qualquer aspecto, é uma das maiores virtudes que podemos ter. As pessoas são diferentes, agem de forma diferente e pensam diferente também. Não as julgue, apenas compreenda-as!

Texto reescrito pelos autores.

Tempo de conversar

Que relação existe entre o caso que você leu e o Encontro de hoje?

A maneira de cada um ver o mundo não é igual para todos. Cada um tem seu ponto de vista e interpretação da realidade que o cerca. Por isso, é muito importante, para a construção de um mundo melhor, reconhecer, preservar e valorizar a diversidade humana. Enquanto não entendermos que todos podemos crescer e aprender juntos, trocar ideias, experiências e conhecimentos, não é possível construir um mundo de paz e harmonia.

Tempo de aprender fazendo

Vamos fazer uma dinâmica. Forme uma dupla, de acordo com a orientação do professor.

1. A turma será dividida em dois grupos:

    a) metade da turma formará as duplas do grupo A;

    b) metade formará as duplas do grupo B.

2. O grupo A vai se sentar de frente para o grupo B.

3. Cada dupla receberá metade de uma folha de papel A4. Nela, a dupla escreverá três frases que considera agressiva, desrespeitosa ou que causam mágoa. O tempo disponibilizado para isso será de 5 minutos. Usem apenas a metade do papel, porque mais adiante será utilizado novamente.

4. Seguindo a orientação do professor, um integrante de cada dupla deve se levantar e entregar as frases para a dupla que está na sua frente, ou seja, as duplas do grupo A trocam com o grupo B.

5. Voltem aos lugares e leiam, atentamente, as frases que as outras duplas escreveram.

6. Agora vocês vão reescrever as frases que receberam, porém, de maneira elegante, respeitosa, amiga, carinhosa e gentil. Não é necessário apagar ou rabiscar as frases recebidas.

7. De acordo com a orientação do professor, cada dupla deverá ler as frases recebidas em voz alta e, em seguida, as frases reescritas. Não façam comentários durante a leitura das frases, apenas escutem com atenção.

Avaliação: Como vocês se sentiram ao ouvir uma frase agressiva, desrespeitosa, ofensiva? E quando ouviram uma frase amiga, gentil e respeitosa?

_____
_____
_____
_____
_____
_____
_____
_____
_____
_____

Pense e responda

Vamos falar um pouco sobre a diversidade na sala de aula. Observe atentamente as diferenças entre os colegas da turma. Elas podem estar relacionadas:

a) à aparência física (altura, cor dos cabelos, dos olhos e da pele, peso, tipo de cabelo etc.);

b) ao jeito de ser (atitudes de cada um, seu jeito de se relacionar com os colegas, como controla suas emoções, sua maneira de se expressar).

1. As diferenças observadas entre os colegas facilitam ou dificultam a convivência de vocês? Justifique sua resposta.

   _____
   _____
   _____
   _____

2. O que ocorre quando as diferenças não são respeitadas e aceitas?

   _____
   _____
   _____
   _____

3. Cite um acontecimento do mundo atual que pode ser atribuído ao desrespeito e à intolerância às diferenças.

   _____
   _____
   _____
   _____

4. Escreva uma frase usando a palavra diversidade.

   _____
   _____
   _____
   _____

Recorte e cole

Muitos povos contribuíram para a formação do povo brasileiro. Por isso, uma das características marcantes de nossa cultura é a diversidade.

As diferentes etnias e a grande extensão do território nacional são os principais fatores de nossa riqueza cultural.

- Recorte de jornais e revistas imagens que mostrem expressões culturais brasileiras formadas com a participação de diferentes povos. Cole-as a seguir montando um painel. Por exemplo: no Nordeste, Bumba Meu Boi; no Norte, Círio de Nazaré, a cerâmica indígena marajoara; no Centro-Oeste, a Cavalhada, o arroz com pequi; no Sudeste, o jongo; no Sul, o chimarrão.

Pense e responda

KOIZAS DA VIDA — Fabiano dos Santos

- VOCÊ NÃO VAI ACREDITAR, OUVI NA TV QUE QUEM VIVE NO NORTE DANÇA CARIMBÓ E COME TACACÁ!
- NO CENTRO-OESTE, DANÇAM CURURU E COMEM GARIROBA!
- NO NORDESTE DANÇAM MARACATU E COMEM BUCHADA DE BODE!
- NO SUDESTE DANÇAM CAIAPÓ E COMEM MOQUECA CAPIXABA E NO SUL, DANÇAM FANDANGO E COMEM BARREADO!
- O QUE SERÁ QUE TUDO ISSO SIGNIFICA? SIMPLES.
- DIVERSIDADE CULTURAL BRASILEIRA!

1. A que conclusão você chega depois de ler a charge?

2. Elabore uma frase que mostre o que você entende por **diversidade cultural**.

Tempo de pesquisar

Forme duplas de acordo com a orientação do professor. Pesquisem quais são os principais povos formadores da população brasileira e anote aqui.

_____
_____
_____
_____

Divirta-se e aprenda

1. Descubra no diagrama os grandes grupos étnicos que formaram a população brasileira.

W	F	G	H	J	P	K	L	B	V	C	X
Q	K	I	N	D	Í	G	E	N	A	S	W
P	L	K	J	H	G	F	D	M	B	C	V
F	P	Q	A	F	R	I	C	A	N	O	S
W	P	K	L	J	H	G	F	D	B	V	C
A	S	I	Á	T	I	C	O	S	K	T	P
D	T	F	L	J	H	G	B	V	F	D	V
Q	W	E	U	R	O	P	E	U	S	P	Q
P	L	K	B	V	C	X	Z	K	L	F	T

2. Cite três valores importantes para convivermos com a diversidade.

a) _____

b) _____

c) _____

> A diversidade nos enriquece. O respeito e a tolerância nos une e nos fortalece.

10º Encontro

Honestidade e sinceridade: indispensáveis na convivência

Honestidade e sinceridade caminham juntas. São qualidades de quem é verdadeiro e sincero, de quem se respeita e respeita o outro.

Ser honesto e verdadeiro exige esforço pessoal diário.

Hoje é comum escutar frases como: "Um pouco de mentira não faz mal a ninguém."; "Todo mundo rouba."; "Eu achei, é meu...".

Precisamos ter cuidado, pois quando vivemos em meio à mentira, acabamos fazendo parte dela.

Quando somos sinceros e honestos com as pessoas, dividimos com elas o que pensamos e o que queremos e, desse modo, nos tornamos mais responsáveis por nossas atitudes.

Quando mentimos e procuramos esconder nossos erros — fingindo ser o que não somos —, prejudicamos a nós mesmos e a todos com quem convivemos.

Ser verdadeiro é um grande desafio, mas é recompensante. Pessoas autênticas e sinceras têm mais amigos e são mais respeitadas, pois transmitem confiança. Todos sabem que podem contar com elas. São pessoas do bem.

Pessoas honestas e sinceras têm boa autoestima, valorizam a si mesmas e são confiantes e seguras. A honestidade e a sinceridade são companheiras da liberdade e são essenciais para a convivência harmoniosa entre as pessoas.

> Sinceridade e honestidade são alicerces para uma boa convivência. Sem elas, não é possível construir uma sociedade mais justa e igualitária.

Pense e responda

1. As palavras **sinceridade** e **honestidade** derivam de **sincero** e **honesto**. Procure no dicionário o significado dessas palavras e anote a seguir.

   a) sincero: _____

   b) honesto: _____

2. Você se considera uma pessoa sincera? Justifique sua resposta.
   _____

3. Você acha que a sinceridade é importante nas relações de amizade? Por quê?
   _____

4. Que importância tem a honestidade para a construção de um mundo melhor?
   _____

5. O texto diz que pessoas honestas e sinceras têm boa autoestima, valorizam a si mesmas e são confiantes e seguras. Dê sua opinião sobre essa afirmativa.
   _____

Tempo de ler e aprender

Daniel tinha 10 anos e morava com os pais em uma casa enorme.

Georgina trabalhava há anos na casa de Daniel. Ela cozinhava, lavava, cuidava com carinho da casa e das pessoas que lá viviam.

Ela passava os períodos da manhã e da tarde trabalhando e só no comecinho da noite voltava para a casa dela.

Um dia, Daniel resolveu jogar bola dentro da sala de visitas. A bola bateu em um lindo e rico vaso de porcelana, vaso este que era herança de família, peça preciosa e de estimação.

Quando a mãe chegou e viu o desastre, ficou muito chateada e foi logo perguntando:

— Quem quebrou meu vaso?

Daniel não teve dúvida e respondeu:

— Foi Georgina, mamãe. Ela esbarrou a vassoura no vaso e ele caiu.

Georgina não estava presente para se defender.

No dia seguinte, dona Laura procurou Georgina logo que ela chegou para o trabalho e questionou:

— Georgina, por que você não me disse que quebrou o vaso de porcelana?

— Eu? Não, dona Laura. Não quebrei seu vaso! Pergunte para Daniel, ele deve saber quem foi que o quebrou.

— Daniel não mente para mim. Ele me falou que foi você. Portanto, arrume suas coisas. Está despedida!

Margarida Regina de Almeida.

Pense e responda

1. Analise a atitude dos personagens e converse com os colegas e o professor sobre cada um deles.

2. Agora, imagine Daniel sendo honesto e verdadeiro com sua mãe. Como ficaria o final dessa história? Reescreva-o a seguir.

Quando a mãe chegou e viu o desastre, ficou muito chateada e foi logo perguntando:
— Quem quebrou meu vaso?
Daniel não teve dúvida e respondeu:

_____
_____
_____
_____
_____

3. O que podemos aprender com a história de Daniel reescrita por você?

_____
_____
_____

Tempo de ler e aprender

Leia o que algumas pessoas importantes para a história da humanidade falaram sobre a mentira.

William Shakespeare.

"As pequenas mentiras fazem o grande mentiroso."

William Shakespeare nasceu na Inglaterra em 1564. É considerado um dos mais importantes escritores de todos os tempos.

Mahatma Gandhi.

"Assim como uma gota de veneno compromete um balde inteiro, também a mentira, por menor que seja, estraga toda nossa vida."

Mahatma Gandhi nasceu na Índia, em 1869. É considerado o maior defensor da não violência, movimento de resistência que resultou na independência da Índia, então colônia da Inglaterra.

Tempo de conversar

Converse com os colegas e o professor sobre as falas de Shakespeare e Gandhi.

Tempo de aprender fazendo

Escreva um pequeno texto sobre a importância de ser verdadeiro (nas relações familiares, escolares etc.).

_____
_____
_____
_____

Tempo de ler e aprender

Ser sincero

Ser sincero
É nosso dever
Somente a verdade
Devemos dizer
Fuja da mentira
Ela é um perigo
A verdade é luz
Carrega-a contigo!

Nem sempre queremos
Ouvir a verdade
Às vezes ela fere, às vezes ela dói!
Busque sempre a verdade,
Pois, mesmo sofrida,
É luz que ilumina,
Clareia e constrói!

Margarida Regina de Almeida.

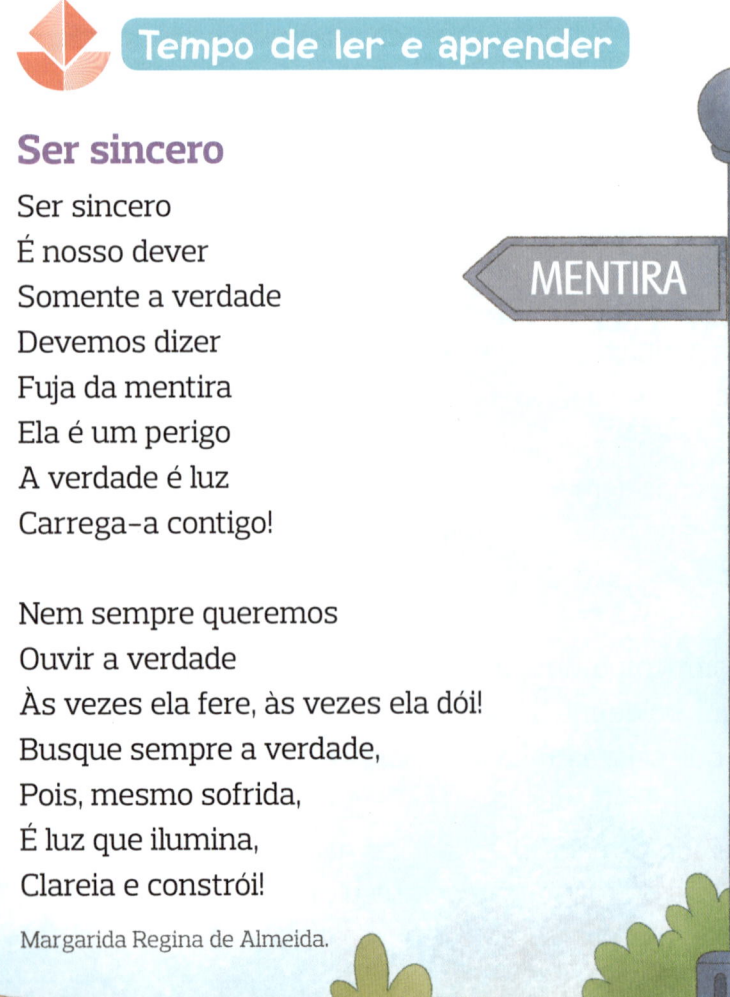

Tempo de conversar

1. Qual é a mensagem principal do poema? Converse com os colegas e o professor sobre ela.

2. Escreva **V** para as frases verdadeiras e **F** para as frases falsas.

    ☐ Ser sincero é ser verdadeiro, não enganar ninguém.

    ☐ A sinceridade é essencial na convivência diária.

    ☐ A mentira é um fator de desunião e inimizade.

    ☐ A falsidade é muito útil nas relações familiares.

    ☐ A verdade é fundamental para a construção da amizade.

    ☐ A mentira é necessária para se viver bem.

    ☐ Ser verdadeiro é uma questão de respeito consigo e com os outros.

    ☐ A honestidade é sinônimo de dignidade e honradez.

TEMPO DE AGRADECER

Deus de todas as crianças, de todos os povos, de todas as etnias e de todas as religiões, abençoe cada um de nós para que possamos ser pessoas sensíveis, verdadeiras, capazes de respeitar a nós mesmos e a todos com os quais convivemos, pois só assim poderemos construir um mundo mais justo e mais feliz.

Ajude-nos a viver sempre o respeito, a lealdade, a sinceridade e faça de nós pessoas capazes de construir um mundo melhor para todos.

Deus, sabemos que a sensibilidade é um grande valor do ser humano. Coloque no coração de todos nós esse sentimento para que possamos ser pessoas bondosas, sensíveis e empáticas.

Abençoe todos aqueles que se dedicam ao nosso aprendizado e crescimento diário. Ilumine nossa família e nossos professores para que nos ajudem a ser construtores do amor e da paz.

MEMÓRIA DO MOMENTO

Querido aluno,

Terminamos o Momento 2 do livro!

Junte-se a um colega, façam uma breve revisão dos Encontros deste Momento e respondam à questão a seguir.

O que vocês aprenderam de mais importante em cada Encontro deste Momento? Escreva as respostas a seguir.

a) 6º Encontro: _____
_____
_____
_____

b) 7º Encontro: _____
_____
_____
_____

c) 8º Encontro: _____
_____
_____
_____

d) 9º Encontro: _____
_____
_____
_____

e) 10º Encontro: _____
_____
_____
_____

RECADO AOS PAIS OU RESPONSÁVEIS

Olá! Terminei o Momento 2 deste livro!

Refleti sobre a importância do cuidado com a vida, sobre o respeito às diferenças e o valor da honestidade e da sinceridade na convivência diária – valores que eu quero muito cultivar.

Vejam as atividades que realizei e escrevam aqui a opinião de vocês sobre meu trabalho e meu relacionamento em casa, com minha família.

_____
Assinatura do aluno

_____
Assinatura dos pais ou responsáveis

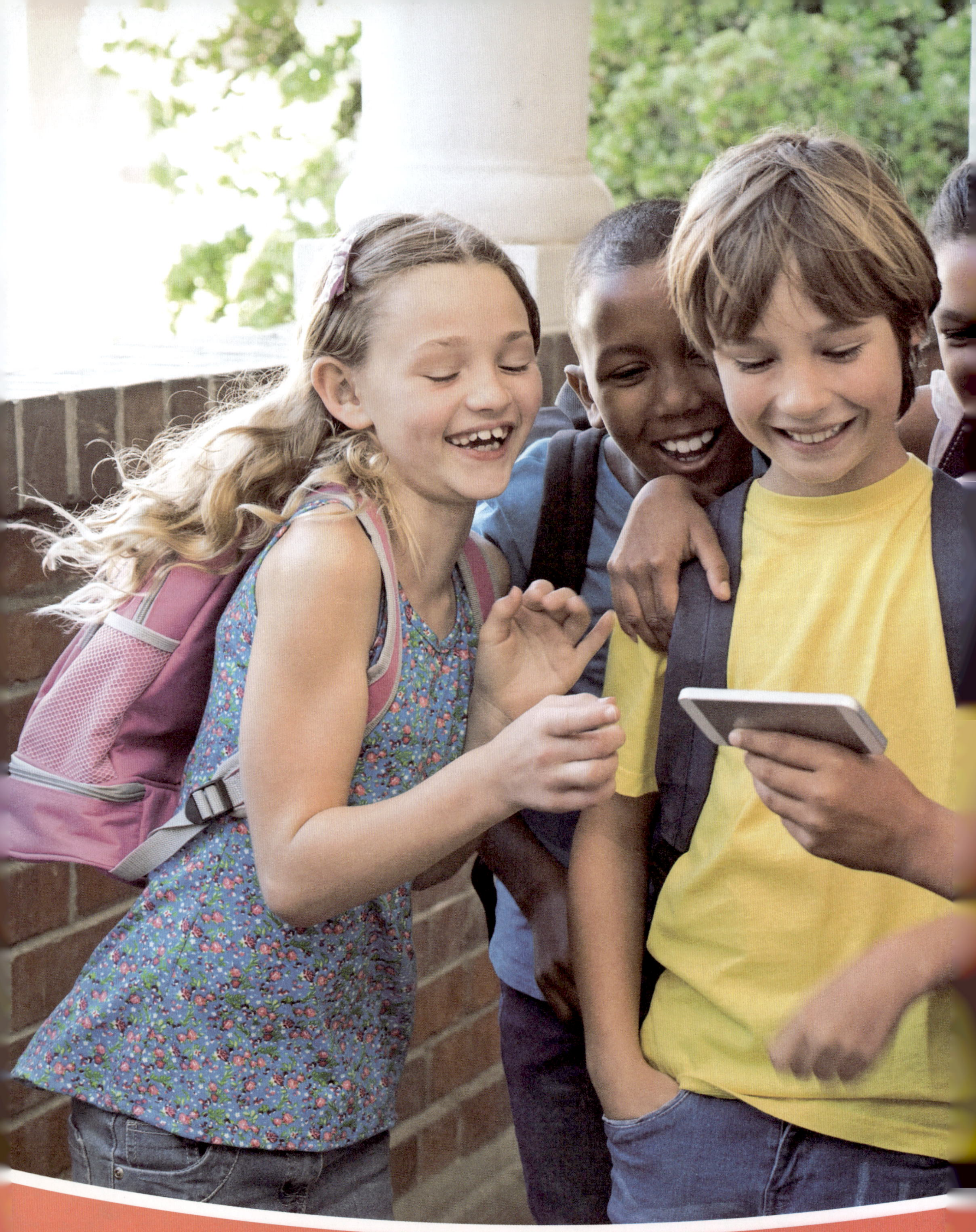

MOMENTO

3

Valores essenciais para uma convivência saudável

11º Encontro

A felicidade é uma conquista diária

As pessoas sempre estão em busca da felicidade.

Muitas acham que a felicidade está nos bens materiais: casa de luxo, carros, joias, dinheiro etc. Claro que tudo isso tem sua importância, mas não basta para fazer uma pessoa feliz.

A felicidade não é possível sem compreensão e compaixão, ou seja, para ser feliz precisamos eliminar o egoísmo, pensar e agir coletivamente. A felicidade depende de nossa atitude mental e não de condições externas, de bens materiais e passageiros.

Ninguém é feliz sozinho; somos felizes com o outro, na partilha, na solidariedade, na convivência amiga e fraterna. Ser feliz é ser sempre agradecido pelo dom da vida. É ser cuidadoso com a saúde do corpo e da mente. É respeitar seus limites, valorizar suas qualidades. É aprender coisas novas e crescer a cada dia, correr atrás de seus sonhos. É ser o agente da própria história, construindo-a carinhosamente a cada momento que passa.

A felicidade depende muito do cuidado que temos conosco, com o outro e com a vida. Sem esse cuidado é difícil ser feliz.

Tempo de conversar

1. Por que a gratidão está relacionada com nossa felicidade?

2. A felicidade depende muito do cuidado que temos conosco, com o outro e com a vida. Sem esse cuidado é difícil ser feliz. Qual é sua opinião sobre isso?

Divirta-se e aprenda

1. Complete o diagrama e forme palavras que representam o que pode nos ajudar a ser felizes.

2. Anote aqui as palavras que você formou.

_____
_____
_____

3. Entre essas palavras, escolha uma que para você é fundamental na conquista da felicidade e explique o porquê de sua escolha.

_____
_____
_____

Pense e responda

1. O texto da página 80 afirma que ninguém é feliz sozinho. Você concorda com essa opinião?
   _____
   _____

2. Cite três motivos que você tem para ser feliz.
   _____
   _____

Que tal uma história?

O colar de pérolas

Jenny tinha cinco anos e era possuidora de olhos vivos e brilhantes. Um dia, ela foi ao supermercado com a mãe e na saída viu um colar de pérolas de plástico que custava $ 2.50. Ela queria muito ter aquele colar e quando perguntou à mãe se ela lhe compraria o presente, a resposta que ouviu foi a seguinte:

— É um colar bonito, mas custa caro. Então vamos fazer um acordo, vou comprar o colar, mas quando chegarmos a casa vamos fazer uma lista de pequenos trabalhos para você fazer como forma de pagamento, tá bom? E não se esqueça de que sua avó vai lhe dar algum dinheiro no seu aniversário também. Combinado?

Jenny concordou e ganhou o colar. Ela trabalhou muito bem como tinham combinado e ganhou mesmo o dinheirinho da avó, então logo o colar estava pago. Jenny adorava o colar de pérolas e usava-o constantemente. Ia à escola com ele, usava-o para sair com a mãe etc. Só não tomava banho com ele porque a mãe tinha avisado que o pescoço dela poderia ficar manchado. O pai de Jenny era muito amoroso e toda noite ele a colocava na cama e lia a sua estória favorita.

Uma noite, quando acabou de ler a estória, ele perguntou a ela:

— Jenny, você me ama?

— Claro que sim, papai, você sabe que eu o amo, *disse a menina*.

— Então gostaria que você me desse o seu colar de pérolas.

— Ah, papai, isso não. Não o meu colar! *disse ela*. Mas posso lhe dar a minha boneca favorita, a Rosie. Lembra-se dela? Aquela que você me deu de aniversário o ano passado. E ainda posso lhe dar o jogo de chá dela também, tá bom?

— Não querida, não precisa nada disso, *disse o pai, dando-lhe um beijo de boa noite*. Durma bem.

Uma semana mais tarde, o pai acabou de ler a estória e fez a mesma pergunta:

— Jenny você me ama?

— Claro que sim papai, você sabe que eu o amo, *disse a menina.*

— Então quero que me dê as suas pérolas, *disse o pai.*

— Minhas pérolas não, papai. Mas posso lhe dar o meu cavalo de brinquedo, lembra-se dele? É o meu favorito, gosto de penteá-lo e fazer tranças em seu pelo macio. Quer ficar com ele? *disse a menina.*

— Não querida, não precisa nada disso, *disse o pai, dando-lhe um beijo de boa noite.*

— Deus a abençoe. Durma bem.

Vários dias mais tarde, quando o pai entrou no quarto dela para ler a estória, Jenny estava sentada na cama com os lábios trêmulos.

— Aqui está o meu colar, papai, *disse-lhe estendendo a mão e deixando-o escorregar para a mão do pai.*

Com uma mão o pai segurou o colar de plástico e com a outra puxou uma caixa de veludo azul de dentro do bolso. Dentro da caixa estava um lindo colar de pérolas verdadeiras.

Ele tinha aquele colar todo o tempo e só estava esperando que Jenny desistisse do colar falso e barato, para que pudesse lhe dar aquele que era real.

Legrand. *Espelhos e reflexos.* Histórias e experiências verídicas que narram os diversos ângulos da educação e formação de jovens e crianças nas relações com pais e professores. Belo Horizonte: Soler Editora, 2005. p. 90-92.

Tempo de conversar

Qual é a relação entre a história lida e o tema do Encontro de hoje?

Tempo de aprender fazendo

1. Pinte apenas os corações que apresentam alternativas corretas.

   Ser feliz é:

   ♡ gostar de si mesmo e se valorizar.

   ♡ partilhar com alguém sua alegria, seu afeto e seu amor.

   ♡ conviver bem com as pessoas.

   ♡ ser só e não ter ninguém que o aborreça.

   ♡ ser pleno de gratidão.

2. Para você, o que significa ser feliz?

Ser feliz é... _____
_____
_____

3. Você se considera uma pessoa feliz? Por quê?
_____
_____
_____

4. Volte à atividade 1 e escolha a alternativa que melhor se relaciona com a história "O colar de pérolas". Copie-a a seguir e explique por que ela é uma atitude que promove a felicidade.
_____
_____
_____
_____
_____

5. Que valores Jenny, a personagem principal do texto, transmite por meio de seu gesto de dar o colar ao pai? Pinte os corações com as respostas corretas.

- Desprendimento
- Gratidão
- Sinceridade
- Amor
- Autoestima
- Generosidade

TEMPO DE CANTAR

Ser feliz

Ser feliz não é difícil,
Mas é preciso querer.
Depende muito da gente,
Do jeito de ser, de viver.

Se eu vivo reclamando,
Nada pode dar certo...
Mas se sei viver contente,
A felicidade estará por perto!

Preciso ter bons amigos
E a arte de assim conviver.
Ser feliz tem seu segredo
Está no meu jeito de ser.

Posso ser feliz, eu bem sei!
Quero ser feliz, como eu quero!
Vou cultivar alegria, eu vou!
Viver sorrindo espero, como espero!

Margarida Regina de Almeida.

Tempo de desenhar

Que cores representam a felicidade?

1. Faça um desenho abstrato que expresse felicidade e alegria. Use apenas formas simples e cores. Lembre-se de que, em um desenho abstrato, não é preciso fazer formas comuns, reconhecíveis, iguais às que estamos acostumados a ver e a fazer. Use a criatividade!

> Desenho abstrato é um desenho não representativo; uma imagem que não pretende se parecer com nenhuma figura que conhecemos.

Toda tarefa exercida no dia a dia precisa de certa dose de criatividade para que seja bem executada e atinja os resultados esperados. A criatividade nos ajuda a descobrir nossas habilidades, melhora nosso humor e nossa autoestima. Ser criativo é brincar com as ideias. Foi o que você fez com seu desenho abstrato! Ser criativo é muito importante para nossa realização pessoal.

2. Seu momento criativo pode ser relacionado com o seu bem-estar? Por quê?

_____
_____
_____

12º Encontro

Empatia: a arte de compreender e entender o outro

O que é empatia?

Empatia é a capacidade de nos colocarmos no lugar do outro e de vivenciar com ele alegrias e sofrimentos.

É a capacidade de sentir a dor ou a alegria que outra pessoa está sentindo. A palavra **empatia** vem do grego *empátheia*, que significa "entrar no sentimento". Assim, empatia é a capacidade de participar do sentimento do outro, de se colocar no lugar dele, sentir o que ele sente, entender o que se passa com ele.

A empatia é um dos sentimentos mais nobres que o ser humano pode ter em relação aos outros. Todos podemos ser sensíveis e bondosos e vivenciar a empatia.

O sentimento de empatia exige que nos conheçamos bem e que estejamos de bem com a vida, de bem conosco. Quanto mais nos conhecemos e nos valorizamos, mais capazes somos de ser empáticos. Pessoas que praticam a empatia têm uma convivência muito mais equilibrada, serena, e criam um ambiente melhor e mais saudável a seu redor. A empatia é essencial na convivência diária!

Que tal uma história?

Cacá foi ao campo de futebol com seu pai.

No trajeto, em um sinal de trânsito, um menino magro e maltrapilho aproximou-se do carro e disse:

— Moço, você tem umas moedas para me dar? Estou com muita fome!

— Não, agora não tenho – disse o pai de Cacá.

O sinal abriu e eles seguiram o caminho para assistir ao jogo.

Mas Cacá não estava tranquilo. Permaneceu calado por um tempo e depois disse:

— Pai, é verdade que você não tem nenhuma moeda? Estou pensando naquele menino. Ele disse que estava com muita fome. Deve ser muito triste sentir fome e não ter o que comer!

Texto elaborado especialmente para esta obra.

Tempo de aprender fazendo

1. Sublinhe o parágrafo que mostra a capacidade de empatia de Cacá.

2. Imagine um final para essa história e escreva-o a seguir. Depois, partilhe sua conclusão com os colegas e o professor.

_____
_____
_____
_____
_____
_____
_____

Divirta-se e aprenda

1. Resolva o diagrama e descubra palavras que representam valores humanos necessários para a prática da empatia. Veja as dicas a seguir.

   1. Todos devem ser tratados com...
   2. O mais belo sentimento.
   3. Capacidade de compreender.
   4. Companheira da fraternidade.
   5. Doação.
   6. Qualidade de quem é sensível.
   7. Qualidade de quem é bom.

				1	R	**E**		P		I		O	
					2		**M**						
			3	C			**P**	R		E		S	Ã
	4	S					**A**	R			D			E
				5	P		R	**T**		H			
			6	S			S	**I**		L		A		E
			7	B				**A**	E				

2. Escolha quatro palavras formadas no diagrama e escreva uma frase com cada uma delas.

   a) _____

   b) _____

   c) _____

   d) _____

Tempo de conversar

Observe com atenção as imagens a seguir e relacione-as com os valores humanos que você encontrou no diagrama da página anterior.

Divirta-se e aprenda

1. Pinte a cena.

2. Volte ao texto da página 87 para completar a frase a seguir.

   Empatia é _____

   _____

   _____

Tempo de aprender fazendo

Formem cinco grupos, de acordo com a orientação do professor. Cada grupo elaborará uma cena que se relaciona à empatia ou falta dela.

Grupo 1: Cena que mostra empatia com colega que é tímido, tem dificuldade de se relacionar e, às vezes, não traz lanche para a escola.

Grupo 2: Cena que mostra empatia com colega que tem dificuldade na escola, não consegue fazer os deveres sozinho e está sempre chateado por isso.

Grupo 3: Cena de não empatia e descaso com colega que tem dificuldade de relacionamento e vive isolado, mas tenta se entrosar com o grupo.

Grupo 4: Cena que mostra empatia com professor que esteve doente e está retomando as aulas, mas ainda precisa de cuidados.

Grupo 5: Cena de não empatia e descaso com professor que esteve doente, está retomando as aulas, mas ainda está fragilizado e precisa de cuidados.

Agora, relembrem todas as reflexões deste Encontro e elaborem as falas de cada participante do grupo. Em seguida, façam um breve ensaio e, seguindo a orientação do professor, apresentem-se para a turma.

Avaliação

1. Que sentimentos as cenas de empatia despertaram em você?

_____
_____

2. E com relação às cenas de descaso, o que você sentiu?

_____
_____

3. Como você agiria se presenciasse uma cena de descaso com um de seus colegas? Crie uma proposta de intervenção pacífica.

_____
_____
_____

> Empatia é um valor fundamental para uma convivência saudável e feliz. Cultive-a!

13º Encontro

Bullying: uma ameaça à vida

Bullying é um problema social que afeta muita gente, principalmente crianças e jovens, no mundo todo.

Mas o que é bullying? É uma palavra inglesa que vem de bully, que significa "valentão, brigão".

A prática do bullying se dá por meio de ofensas e brincadeiras de muito mau gosto que ferem, maltratam, machucam, física ou psicologicamente, alguém. Essas ofensas devem ser denunciadas.

Trata-se de ameaças, humilhações, agressões intencionadas e repetidas: empurrar, bater, colocar apelidos que magoam e ofendem, discriminar, excluir, isolar, intimidar, amedrontar etc.

O bullying pode ocorrer em qualquer ambiente: em casa, na escola, na rua, nas áreas de lazer dos condomínios... Mas é na escola que essa prática acontece com mais frequência. A internet também tem sido usada para a maldade e prática do bullying.

Não podemos ser coniventes com tais atitudes. Não aceite e não se cale. Não importa se você não sofre diretamente com essa prática, seja empático com quem a sofre e denuncie!

Tempo de conversar

1. Observe a imagem de abertura deste Encontro. Que sentimentos ela desperta em você?
2. Você acha justo alguém se sentir como a criança retratada? Justifique sua resposta.

Pense e responda

1. Em sua escola há casos de *bullying*? O que deve ser feito para que isso não aconteça?
   _____
   _____
   _____

2. Veja a seguir exemplos de violência relacionados ao *bullying*.
   - Xingar as pessoas e colocar apelidos maldosos nelas.
   - Excluir e isolar um colega de grupo.
   - Espalhar fofocas e boatos maldosos.
   - Machucar, empurrar, dar socos, chutes, tapas.
   - Destruir de propósito um objeto de uso do outro.
   - Espalhar textos ou fotos que magoam e humilham um colega.
   - Obrigar o colega a fazer coisas que ele não gostaria de fazer.

   Qual é sua opinião sobre atitudes como essas?
   _____
   _____

BULLYING
É UM ATO DE VIOLÊNCIA.
É UM CRIME. DENUNCIE!

Tempo de ler e aprender

O jeito de cada um

Não há nada mais triste para uma pessoa do que se sentir menosprezada.

Não há como se sentir igual a todos se os olhos de alguns a veem como diferente e de menos valor, uma pessoa de segunda classe, por ela não estar dentro dos padrões.

Pessoas discriminadas sentem-se diminuídas, abaladas em sua autoestima. Olham no espelho e pensam: "não sou bonita, não sou importante, não tenho qualidades, os outros não me reconhecem como alguém de valor".

Isso leva a algumas consequências inevitáveis e dolorosas:

- a pessoa perde a confiança em si mesma;
- a pessoa se entristece;
- a pessoa passa a pensar que tem menos valor, menos inteligência, menos capacidade;
- a pessoa acaba por se acomodar, ser infeliz e acostumar-se ao fracasso.

Coisas assim não podem acontecer.

Cada um, do seu jeito, tem o direito de ser diferente e crescer valorizado em sua diferença.

Somos todos iguais em nossas diferenças.

Edson Gabriel Garcia. *O jeito de cada um*: iguais e diferentes. São Paulo: FTD, 2001. p. 40.

- Além das consequências citadas no texto, que outros males o *bullying* pode causar na vida das pessoas que são vítimas dele?

_____
_____
_____
_____
_____

Pense e responda

1. Leia a tirinha a seguir e o texto que a complementa. Com base nessas informações, discuta como o *bullying* afeta as relações humanas.

Quadro 1: ELE RIU DE MIM SÓ PORQUE USO ÓCULOS!
Quadro 2: DE MIM POR CAUSA DAS ORELHAS!
Quadro 3: E DE MIM PORQUE NÃO SEI JOGAR BOLA!
Quadro 4: ESPERO QUE UM DIA ELE SUPERE ISSO...

Tira do Armandinho, de Alexandre Beck.

Bullying é assim: sem sentido, sem lógica, sem critérios! Uma pessoa debocha, critica e humilha a outra simplesmente porque ela não se encaixa em seus moldes. "Ela é diferente." Diferente não por ausência de valores e qualidades humanas, mas diferente porque seu aspecto físico, suas habilidades, sua cultura, sua crença ou seu jeito de ser não são iguais aos do grupo.

Que triste! Atitudes assim prejudicam nosso crescimento e nossa realização pessoal. Atitudes como essas nos impedem de construir um mundo melhor para nós e para todos.

2. Escreva **V** nas afirmativas verdadeiras e **F** nas afirmativas falsas.

O *bullying*:

☐ é uma ameaça à vida.

☐ é uma atitude preconceituosa.

☐ é uma forma de demonstrar autoconfiança.

☐ afeta nossa autoestima.

☐ nos faz mais fortes e corajosos.

☐ desencadeia medo e insegurança.

☐ afeta a saúde mental, podendo levar à depressão.

Tempo de aprender fazendo

Formem grupos com quatro integrantes, de acordo com a orientação do professor.

Coloquem-se no lugar de alguém que está sendo ridicularizado e humilhado e façam cartazes de protestos contra o *bullying*.

Mostrem para toda a escola que vocês não concordam e não se calarão diante das ameaças do *bullying*.

1. Escrevam frases sobre o *bullying* e suas consequências.

2. Convidem a escola toda para fazer parte dessa campanha de protesto contra o *bullying*.

3. Com a autorização da escola, espalhem cartazes na sala aula, nos corredores e nos lugares de bastante movimentação, para que possam ser vistos e lidos por todos.

4. Com a permissão da escola, organizem também uma manifestação no pátio, levando os cartazes elaborados por vocês. Assim, estudantes, professores e funcionários tomarão conhecimento do problema que afeta, principalmente, crianças em idade escolar.

5. Registrem a atividade com fotografias e colem, no espaço a seguir, uma das fotos sobre a campanha.

14º Encontro

Amizade: fruto do respeito e do cuidado com o outro

A amizade é uma relação que envolve valores e sentimentos importantes, como lealdade, companheirismo, respeito, compreensão, partilha, solidariedade...

Uma amizade verdadeira é construída com tempo e dedicação. É uma conquista diária.

O amigo verdadeiro é alguém que caminha conosco e ao longo da caminhada vai nos conhecendo e nos entendendo cada dia mais. Assim, a amizade se firma, equilibra-se e não se abala com qualquer obstáculo.

Amigo é alguém que faz nos sentirmos bem. É alguém com quem podemos brincar, sorrir e chorar também. Ele faz parte de nossa vida, de nosso cotidiano. Entretanto, não somos donos um do outro e devemos permanecer abertos a novas conquistas e novas amizades.

A amizade verdadeira é fator de aprendizado e crescimento. Em uma relação de amizade sincera aprendemos a ouvir, entender e respeitar o outro com suas limitações e seus valores. Aprendemos a viver em harmonia. Não é à toa que dizem que a amizade vale um tesouro. E que tesouro!

Tempo de conversar

Troque ideias com os colegas e o professor a respeito do que você pensa sobre a amizade e o que ela representa em sua vida.

Tempo de ler e aprender

Meu amigão!

Eu briguei com o meu amigo.
Com ele nem quero falar.
Ele que brinque sozinho,
quem mandou me provocar?

Mas se ele brincar sozinho,
sozinho eu também vou brincar.
E se ele ficar sem amigo,
sem amigo eu também vou ficar...

Pra quem eu vou mostrar
o desenho que eu pintei?
Com quem vou dividir
esses sonhos que eu sonhei?

**A amizade tem suas fases,
cada uma com sua emoção.
Eu vou ter de fazer as pazes,
eu vou ter de pedir perdão.**

Eu vou procurar por ele,
**sem amigo eu não posso passar.
Vou dizer que a culpa é minha,
meu amigo eu vou abraçar.**

Não dá pra viver sem amigos
do lado de tudo o que eu faço.
Por mais que eu procure abraçar,
O amigo é maior que o abraço!

Bandeira, Pedro. Mais respeito, eu sou criança!
/ Pedro Bandeira; ilustrações Odilon Moraes.
– 3. ed. – São Paulo: Moderna, 2009. –
(Série risos e rimas). p. 51.

Tempo de conversar

1. O que você achou de como o autor desse poema descreveu a amizade?
2. Releia as duas estrofes do poema que estão em destaque. O que elas querem dizer? Troque ideias sobre isso com os colegas e o professor.

Pense e responda

1. Escreva três qualidades de um verdadeiro amigo.
   _____
   _____

2. Você se considera um amigo leal? Por quê?
   _____
   _____
   _____

3. Você tem amigos? O que eles significam para você?
   _____
   _____
   _____

4. Escreva uma frase que resuma o que você aprendeu sobre a amizade.
   _____
   _____
   _____

Divirta-se e aprenda

Marque as palavras que correspondem ao que é verdadeiro.

Pedro Bandeira nos mostra em seu poema que a amizade é:

- [ ] partilha.
- [ ] solidão.
- [ ] emoção.
- [ ] companheirismo.
- [ ] perdão.
- [ ] egoísmo.

Tempo de desenhar

Forme dupla com um colega, de acordo com a orientação do professor. Leiam a história em quadrinhos a seguir e completem-na com desenhos. Vocês podem fazer desenhos semelhantes, não tem problema.

NOSSA AMIZADE COMEÇA AQUI, NO PRIMEIRO DIA DE AULA. ÉRAMOS BEM CRIANÇAS, INICIANDO A EDUCAÇÃO INFANTIL.

NA ESCOLA, ESTÁVAMOS SEMPRE LADO A LADO.

A GENTE QUASE NÃO BRIGAVA. MAS, QUANDO BRIGAVA, LOGO PEDIA DESCULPAS.

É POR ISSO QUE NOSSA AMIZADE PERMANECE... SOMOS AMIGOS NOS MOMENTOS BONS E NOS DIFÍCEIS. SOMOS COMPANHEIROS DE VERDADE!

> SE UM PRECISA DE AJUDA, O OUTRO ESTÁ LÁ PRESENTE, PRONTO PARA AJUDAR.

> SOMOS BEM DIFERENTES UM DO OUTRO, MAS O RESPEITO É A BASE DE NOSSA AMIZADE.

> E O MELHOR É QUE NÃO SOMOS EGOÍSTAS. ESTAMOS SEMPRE ABERTOS A ENCONTRAR E ACOLHER NOVOS AMIGOS.

> CULTIVE A AMIZADE! ELA É UM VALOR QUE NENHUM DINHEIRO PAGA!

Divirta-se e aprenda

1. Encontre no diagrama as qualidades necessárias para ter e ser um bom amigo.

L	E	A	L	D	A	D	E	Q	W	R	L	P	T
P	Y	T	R	L	K	J	M	V	C	X	D	F	P
W	C	X	R	F	Q	R	E	S	P	E	I	T	O
Q	U	T	P	L	K	J	H	B	V	C	F	D	X
S	I	N	C	E	R	I	D	A	D	E	W	P	K
Y	D	H	F	K	C	O	N	F	I	A	N	Ç	A
K	A	L	K	J	H	G	F	D	B	V	C	X	Z
Q	D	P	K	L	H	N	G	F	D	C	X	P	Z
C	O	M	P	R	E	E	N	S	Ã	O	Q	W	X
P	B	F	D	T	Z	L	K	J	H	P	V	C	Q
C	O	M	P	A	N	H	E	I	R	I	S	M	O

2. Anote aqui as palavras que você encontrou.

_____
_____
_____
_____

3. Que outras palavras você acrescentaria nesta lista?

_____
_____
_____
_____

> Para encerrar o Encontro de hoje, dê um forte abraço em todos os colegas da turma. Assim, você estará fortalecendo a amizade com aqueles que já conhece e conquistando novas amizades.

15º Encontro

Autoestima: indispensável para minha realização pessoal

A autoestima é um sentimento que nos dá coragem e nos faz confiar em nós mesmos e na vida.

Ela nos faz acreditar em nossas qualidades e em nosso potencial. Além disso, nos traz segurança, nos ajuda a desenvolver a criatividade e nos torna pessoas capazes de viver e conviver com mais alegria, otimismo, bom humor e produtividade.

A autoestima desenvolve em nós o sentimento de amor-próprio, de respeito por nós mesmos, ajudando-nos a reconhecer nossas limitações e a desenvolver nossas qualidades. Isso nos torna pessoas muito melhores.

A autoestima é fruto do cuidado, do respeito e do amor que temos por nós. E nada tem a ver com egoísmo! É resultado do apoio e do afeto que recebemos da família, dos amigos, das pessoas que nos cercam. É consequência de nosso jeito bom e correto de viver.

A tarefa do ser humano é participar positivamente na construção de um novo mundo, mais justo e solidário. Para isso, devemos desenvolver a autoestima no coração e na mente. Assim, seremos pessoas confiantes, capazes de fazer o bem a nós mesmos e àqueles que nos cercam.

Tempo de conversar

O texto diz que precisamos desenvolver a autoestima, a fim de contribuirmos de maneira positiva para a construção de um mundo melhor. Dê sua opinião sobre isso e ouça a dos colegas.

Tempo de ler e aprender

Inferioridade

Certo dia, um samurai, que era um guerreiro muito orgulhoso, veio ver um mestre zen. Embora fosse muito famoso, ao olhar o mestre, sua beleza e o encanto daquele momento, o samurai sentiu-se repentinamente inferior. Ele então disse ao mestre:

— Por que estou me sentindo inferior? Apenas um momento atrás, tudo estava bem. Quando aqui entrei, subitamente me senti inferior e jamais me senti assim antes. Encarei a morte muitas vezes, mas nunca experimentei medo algum. Por que estou sentindo assustado agora?

O mestre falou:

— Espera. Quando todos tiverem partido, responderei.

Durante todo o dia, pessoas chegavam para ver o mestre, e o samurai estava ficando mais e mais cansado de esperar. Ao anoitecer, quando o quarto estava vazio, o samurai perguntou novamente:

— Agora podes me responder por que me sinto inferior?

O mestre levou-o para fora. Era uma noite de lua cheia, e ela estava justamente surgindo no horizonte. Ele disse ao samurai:

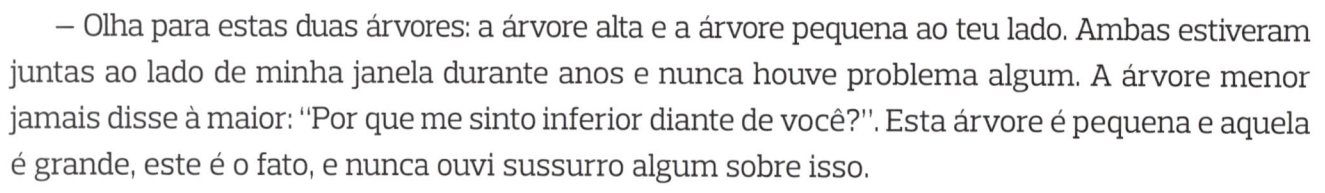

— Olha para estas duas árvores: a árvore alta e a árvore pequena ao teu lado. Ambas estiveram juntas ao lado de minha janela durante anos e nunca houve problema algum. A árvore menor jamais disse à maior: "Por que me sinto inferior diante de você?". Esta árvore é pequena e aquela é grande, este é o fato, e nunca ouvi sussurro algum sobre isso.

O samurai, então, argumentou:

— Isso se dá porque elas não podem se comparar.

O mestre replicou:

— Então, não precisa me perguntar. Você sabe a resposta. Quando você não compara, toda a inferioridade e superioridade desaparecem. Você é o que é e simplesmente existe. Um pequeno arbusto ou uma grande e alta árvore; não importa, você é você mesmo. Uma folhinha da relva é tão necessária quanto a maior das estrelas. O canto de um pássaro é tão necessário quanto qualquer Buda, pois o mundo será menos rico se esse canto desaparecer. Simplesmente olhe à sua volta. Tudo é necessário e tudo se encaixa. É uma unidade orgânica: ninguém é mais alto ou mais baixo, ninguém é superior ou inferior. Cada um é incomparavelmente único. Você é necessário e basta. Na natureza, tamanho não é diferença. Tudo é expressão igual de vida.

Alexandre Rangel. *As mais belas parábolas de todos os tempos.* Belo Horizonte: Editora Leitura, 2002. v. 1, p. 55-56.

> Nunca permita que o sentimento de inferioridade se apodere de você. Ele destruirá sua autoestima!

O autoconhecimento é a capacidade de se conhecer, tanto no que se refere às suas limitações ou às suas qualidades. A autoestima depende desse processo, porque se trata da capacidade de se compreender e de se valorizar, reconhecer seus valores, suas habilidades e gostar de você como você é.

O sentimento de inferioridade é o contrário da autoestima: ele nos faz sentir piores, mais feios, menos inteligentes, menos capazes, menos tudo. Por outro lado, a autoestima nos faz sentir melhores, confiantes, de bem com a vida, determinados e prontos para vencer as dificuldades do dia a dia.

Tempo de conversar

1. O que significa sentir-se inferior?
2. No último parágrafo do texto, o autor deixou algumas lições de vida muito importantes. Copie abaixo pelo menos duas delas.

_____

_____

Tempo de aprender fazendo

Marque com um **X** as alternativas que correspondem ao que a parábola nos ensina.

☐ Não devemos nos comparar com ninguém.

☐ Cada pessoa é incomparavelmente única.

☐ Autoconhecimento nada tem a ver com a autoestima.

☐ A autoestima é essencial para nosso sucesso na vida.

Tempo de desenhar

Represente com um desenho o que o mestre zen via da sua janela. Em seguida, responda: Entre as coisas que ele via, qual delas é a mais importante para o planeta? Por quê?

_____
_____
_____
_____
_____

Tempo de ler e aprender

Em minha cabeça,
Em meu coração,
Ora sou gigante,
Ora sou anão.

Eu sou tão bonito!
Minha mãe garante.
Meu peito estufa,
Pareço um gigante!

Mas, se ela reclama:
"Não fez a lição?
E essa roupa suja?"
Me sinto um anão.

Meu amigo disse
Que eu sou legal.
Me sinto um gigante,
Muito natural.

Minha grande amiga
Me chamou de chato.
Encolhi na hora,
Sou um anão, de fato.

Acordei, o céu
Estava brilhante.
O sol era lindo,
Me senti gigante! […]

No recreio, o jogo
Foi interessante.
Fiz um gol de craque,
Sou mesmo um gigante!

Meu time perdeu,
Não fui campeão,
E ele mereceu.
Me sinto um anão! […]

**Quando estou gigante,
Ando com cuidado
Pra não machucar
Quem está ao meu lado.** […]

Nilson José Machado. *Anão e gigante*. São Paulo: Scipione, 2003. p. 3–10, 14–15 e 18.

Tempo de conversar

1. Em que situações o personagem desse texto se sente um gigante?
2. E em quais ele se sente um anão?
3. Releia a estrofe do poema que está em destaque. Que mensagem o autor nos transmite?

Pense e responda

1. Marque um **X** nas afirmativas que completam corretamente a frase a seguir.

   O personagem desse poema demonstra:

   ☐ segurança, pois não se importa com o que os outros dizem.

   ☐ insegurança, pois depende do que os outros pensam sobre ele.

   ☐ boa autoestima, pois confia sempre nele.

   ☐ baixa autoestima, pois não confia muito nele.

   ☐ cuidado para não ficar orgulhoso demais e não magoar ninguém.

2. O que você entende por autoestima? Explique.

3. Você tem uma boa autoestima? Explique.

4. Em sua opinião, a autoestima contribui para sua realização pessoal? Justifique sua resposta.

Tempo de aprender fazendo

Como é prazeroso e saudável o sentimento de autoestima! Esse sentimento é a expressão do reconhecimento de nosso próprio valor, do respeito e afeto por nós mesmos. A baixa autoestima é um obstáculo à nossa felicidade. Ela impede que nossas relações pessoais sejam pacíficas e construtivas, nos impede de amar a nós mesmos e aos outros.

A autoestima é a mola que nos impulsiona para o aprendizado, o crescimento pessoal e o sucesso na construção de nossa história de vida.

- Anote a seguir o que você pode e deve fazer para cuidar e proteger sua autoestima e não permitir que ela seja amortecida por alguém ou por algum motivo.

_____
_____
_____
_____
_____
_____
_____
_____
_____
_____
_____

TEMPO DE AGRADECER

Deus de todas as crianças, de todos os povos, de todas as etnias e de todas as religiões, abençoe a cada um de nós para que possamos ser, hoje e sempre, pessoas empáticas, respeitosas, confiantes, capazes de nos amar como somos, procurando sempre ser melhores.

Abençoe cada dia nosso, para que possamos conviver com harmonia, cultivar boas amizades, cultivar a paz ao nosso redor e, assim, contribuir para construção de um mundo melhor para todos.

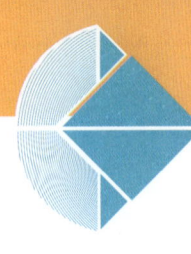

MEMÓRIA DO MOMENTO

Querido aluno,

Terminamos o Momento 3 do livro!

Reveja os Encontros deste Momento e faça as atividades a seguir.

1. Escreva um pequeno texto que expresse o que você aprendeu de mais significativo neste Momento. Partilhe seu trabalho com os colegas e o professor.

___

2. Forme um grupo com os colegas, de acordo com a orientação do professor, e, juntos, escolham o tema de um dos Encontros deste Momento para elaborar um cartaz sobre ele. Vocês podem escrever uma mensagem e ilustrá-la com desenhos e fotografias. O objetivo é reforçar o aprendizado do Encontro. Usem as linhas a seguir para fazer um rascunho do texto.

___

3. Organizem, com o professor, uma exposição na sala de aula ou em algum local da escola com todos os cartazes produzidos pela turma, a fim de que as mensagens contidas neles possam ser lidas e vivenciadas por todos.

RECADO AOS PAIS OU RESPONSÁVEIS

Olá! Terminei o Momento 3 deste livro!

Refleti sobre os valores essenciais para uma boa convivência diária e percebi o quanto são importantes a compreensão e o respeito às diferenças humanas, ao jeito de ser de cada um.

Tenho muito o que aprender para conviver sempre da melhor forma possível com todos, principalmente com minha família e meus amigos. Conto com a ajuda de vocês para continuar meu aprendizado.

Vejam as atividades que realizei e escrevam aqui a opinião de vocês sobre meu trabalho.

_____
Assinatura do aluno

_____
Assinatura dos pais ou responsáveis

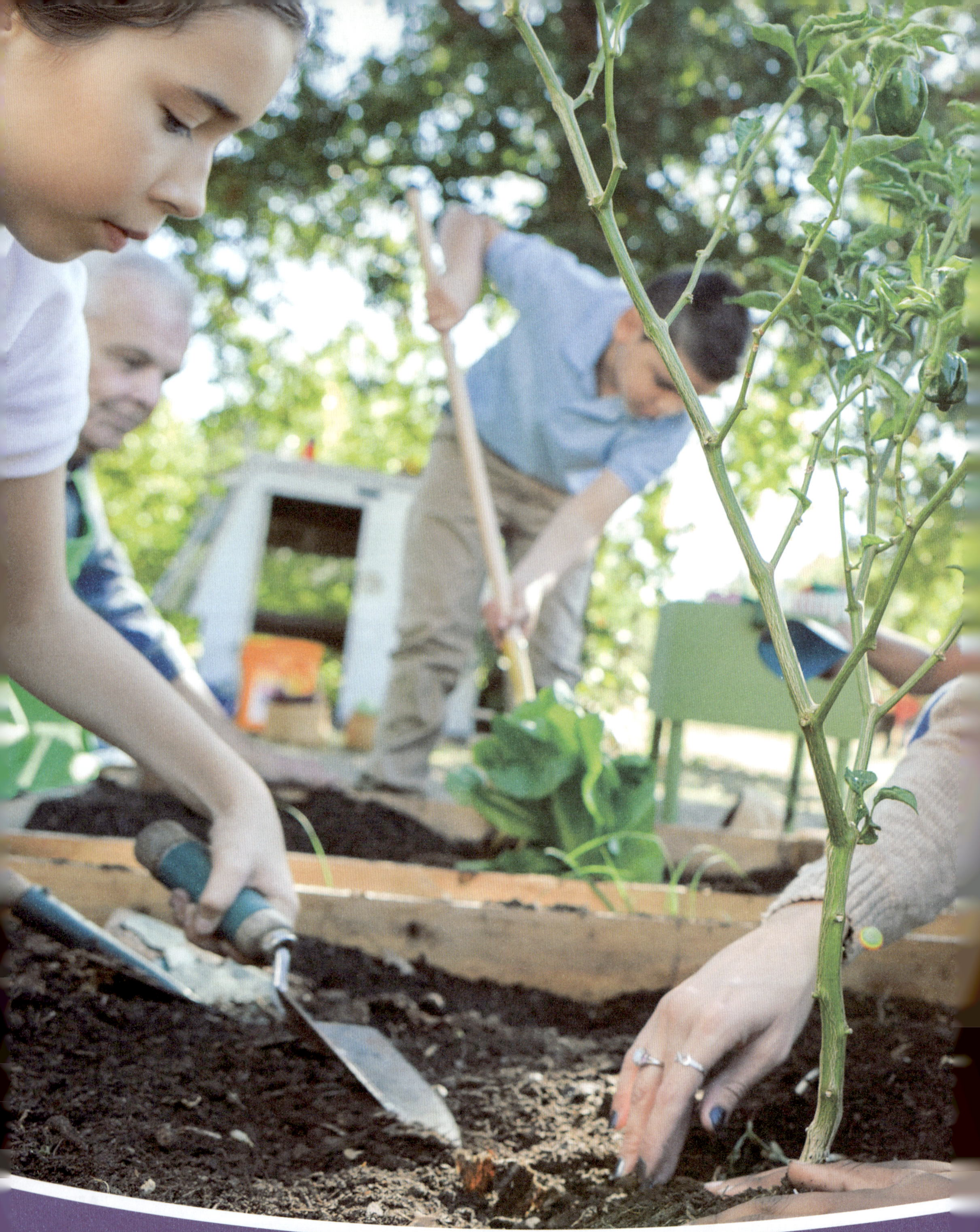

MOMENTO 4

Conquistando um mundo melhor para todos

16º Encontro

Desenvolvimento sustentável: esperança para o planeta

A grande meta de todas as pessoas conscientes de seu papel na construção de um mundo melhor deve ser manter o planeta Terra em condições favoráveis para o desenvolvimento de toda e qualquer espécie de vida.

Para isso, cada um de nós precisa, com urgência, adotar um modo de vida sustentável, ou seja, que não destrua a natureza.

A vida na Terra está cada vez mais ameaçada. Houve grandes avanços tecnológicos e científicos nos últimos anos, mas ainda temos muito que aprender para que esses avanços sejam utilizados em prol da vida no planeta, e não para destruí-la.

As pessoas precisam se conscientizar cada vez mais de sua responsabilidade na transformação do mundo e da necessidade de buscar outras maneiras de produzir, de consumir e, ainda, de se relacionar com a natureza.

Para compreendermos o conceito de sustentabilidade, precisamos considerar que nós, seres humanos, somos parte da natureza, não seus donos.

Assim, proteger a vida de todo ser vivo e cuidar dela é responsabilidade de cada um de nós!

Tempo de conversar

KOIZAS DA VIDA — Fabiano dos Santos

...ENTÃO, ESTA É A TERRA! VOCÊ ACREDITA QUE EXISTAM SERES INTELIGENTES NESTE PLANETA?

BOM, PELO QUE VEJO...

www.fabianocartunista.com

1. Observe com atenção a imagem da charge. O que chamou sua atenção nela?
2. Que relação existe entre ela e a sustentabilidade?

Tempo de ler e aprender

Leia o texto a seguir, que explica o que é desenvolvimento sustentável. Durante a leitura, sublinhe as frases para comentá-las depois.

Desenvolvimento sustentável

Você já parou para pensar no que significa a palavra "progresso"? Pois então pense: estradas, indústrias, usinas, cidades, máquinas e muitas outras coisas que ainda estão por vir e que não conseguimos nem ao menos imaginar. Algumas partes desse processo todo são muito boas, pois melhoram a qualidade de vida dos seres humanos de uma forma ou de outra, como no transporte, comunicação, saúde etc. Mas agora pense só: será que tudo isso de bom não tem nenhum preço? Será que para ter toda essa facilidade de vida nós, humanos, não pagamos nada?

Você já ouviu alguém dizer que para tudo na vida existe um preço? Pois é, nesse caso não é diferente. O progresso, da forma como vem sendo feito, tem acabado com o ambiente ou, em outras palavras, destruído o planeta Terra e a natureza. Um estudioso do assunto disse uma vez que é mais difícil o mundo acabar devido a uma guerra nuclear ou a uma invasão extraterrestre (ou uma outra catástrofe qualquer) do que acabar pela destruição que nós, humanos, estamos provocando em nosso planeta. Você acha que isso tudo é um exagero? Então vamos trocar algumas ideias.

E o Desenvolvimento Sustentável?

O atual modelo de crescimento econômico gerou enormes desequilíbrios; se, por um lado, nunca houve tanta riqueza e fartura no mundo, por outro lado, a miséria, a degradação ambiental e a poluição aumentam dia a dia. Diante desta constatação, surge a ideia do Desenvolvimento Sustentável (DS), buscando conciliar o desenvolvimento econômico com a preservação ambiental e, ainda, o fim da pobreza no mundo.

As pessoas que trabalharam na Agenda 21 escreveram a seguinte frase: "A humanidade de hoje tem a habilidade de desenvolver-se de uma forma sustentável, entretanto é preciso garantir as necessidades do presente sem comprometer as habilidades das futuras gerações em encontrar suas próprias necessidades". Ficou confuso com tudo isso? Então calma, vamos por partes. Essa frase toda pode ser resumida em poucas e simples palavras: desenvolver em harmonia com as limitações ecológicas do planeta, ou seja, sem destruir o ambiente, para que as gerações futuras tenham a chance de existir e viver bem, de acordo com as suas necessidades (melhoria da qualidade de vida e das condições de sobrevivência). Será que dá para fazer isso? Será que é possível conciliar tanto progresso e tecnologia com um ambiente saudável?

Acredita-se que isso tudo seja possível, e é exatamente o que propõem os estudiosos em Desenvolvimento Sustentável (DS), que pode ser definido como: "equilíbrio entre tecnologia e ambiente, relevando-se os diversos grupos sociais de uma nação e também dos diferentes países na busca da equidade e justiça social".

equidade: senso de justiça, imparcialidade, respeito à igualdade de direitos.

justiça social: é o princípio de que todos os indivíduos de uma sociedade têm direitos e deveres iguais em todos os aspectos da vida social.

Para alcançarmos o DS, a proteção do ambiente tem que ser entendida como parte integrante do processo de desenvolvimento e não pode ser considerada isoladamente; é aqui que entra uma questão sobre a qual talvez você nunca tenha pensado: qual a diferença entre crescimento e desenvolvimento? A diferença é que o crescimento não conduz automaticamente à igualdade nem à justiça sociais, pois não leva em consideração nenhum outro aspecto da qualidade de vida a não ser o acúmulo de riquezas, que se faz nas mãos apenas de alguns indivíduos da população. O desenvolvimento, por sua vez, preocupa-se com a geração de riquezas sim, mas tem o objetivo de distribuí-las, de melhorar a qualidade de vida de toda a população, levando em consideração, portanto, a qualidade ambiental do planeta.

O DS tem seis aspectos prioritários que devem ser entendidos como metas:

- a satisfação das necessidades básicas da população (educação, alimentação, saúde, lazer etc.);
- a solidariedade para com as gerações futuras (preservar o ambiente de modo que elas tenham chance de viver);
- a participação da população envolvida (todos devem se conscientizar da necessidade de conservar o ambiente e fazer cada um a parte que lhe cabe para tal);
- a preservação dos recursos naturais (água, oxigênio etc.);
- a elaboração de um sistema social garantindo emprego, segurança social e respeito a outras culturas (erradicação da miséria, do preconceito e do massacre de populações oprimidas, como por exemplo, os índios);
- a efetivação dos programas educativos. [...]

Marina Ceccato Mendes. Desenvolvimento Sustentável. *Portal Tratamento de água*, [s. l.], 22 set. 2009. Disponível em: https://tratamentodeagua.com.br/artigo/desenvolvimento-sustentavel/. Acesso em: 21 fev. 2021.

A RESPONSABILIDADE POR UM MUNDO MAIS SUSTENTÁVEL É TAREFA DE TODOS. SEM DÚVIDA A AÇÃO DOS GOVERNOS É ESSENCIAL, MAS NÃO DIMINUI A IMPORTÂNCIA DA AÇÃO DE CADA UM DE NÓS.

Claudia Marianno

Tempo de aprender fazendo

Formem sete grupos, de acordo com a orientação do professor, para fazer as atividades que seguem.

Vejam algumas atitudes simples que podem ser assumidas diariamente e que contribuem muito para um planeta sustentável. A partir delas, vocês vão confeccionar cartazes.

Os cartazes devem trazer frases para chamar a atenção e alertar sobre os cuidados com o meio ambiente, além de serem ilustrados ou decorados de acordo com a intenção do grupo. Vejam alguns exemplos:

Vamos juntos salvar o planeta!	Vamos agir. Ainda há tempo de salvar o planeta!
Vamos assumir atitudes sustentáveis.	Todos somos responsáveis pelo meio ambiente.

Com as frases de alerta, cada grupo será responsável por uma atitude que deve ser tomada para cuidar do planeta e do meio ambiente.

Grupo 1: Não lavar as calçadas com água corrente.

Grupo 2: Fechar a torneira enquanto escova os dentes.

Grupo 3: Não demorar demais no banho.

Grupo 4: Não desperdiçar alimentos.

Grupo 5: Levar sua própria sacola ao supermercado quando for fazer compras.

Grupo 6: Economizar energia em casa, na escola e no trabalho.

Grupo 7: Facilitar a reciclagem do lixo, separando-o de forma correta.

Com a orientação do professor, coloquem os cartazes expostos em lugares onde possam ser lidos pela comunidade escolar: alunos, professores, pais, funcionários.

Pense e responda

Continue nos grupos formados anteriormente para responder às questões que seguem.

1. O texto das páginas 115 a 117 explicou a diferença entre crescimento e desenvolvimento. Leia, troque ideias e explique, com suas palavras, o que você entendeu sobre isso. A resposta pode ser a mesma para todos do grupo.

2. O que cada um de nós pode e deve fazer para gerar menos lixo?

_____

_____

_____

3. Quais são os cuidados que devemos ter para preservar a água?

_____

_____

_____

4. Quais são as consequências, para o meio ambiente, do aumento de carros, caminhões e ônibus nas ruas?

_____

_____

_____

Tempo de ler e aprender

Você já ouviu falar na **Carta da Terra**? Ela é um dos mais importantes documentos da atualidade. Nela estão contidos valores e princípios interligados visando a um modo de vida sustentável como modelo comum, por meio do qual as atitudes e a conduta da sociedade, das organizações, das empresas, do governo e das instituições multinacionais são avaliadas e dirigidas.

Continue em grupos para responder às questões seguintes. Leia com atenção os dois textos que seguem.

Texto 1

[...] A escolha é nossa: formar uma aliança global para cuidar da Terra e uns dos outros ou arriscar a nossa destruição e a da diversidade da vida. São necessárias mudanças fundamentais em nossos valores, instituições e modos de vida.

[...] Para realizar estas aspirações, devemos decidir viver com um sentido de responsabilidade universal, identificando-nos com a comunidade terrestre como um todo, bem como com nossas comunidades locais. Somos, ao mesmo tempo, cidadãos de nações diferentes e de um mundo no qual as dimensões local e global estão ligadas. Cada um compartilha responsabilidade pelo presente e pelo futuro bem-estar da família humana e de todo o mundo dos seres vivos. [...]

I. Respeitar e cuidar da comunidade de vida

1. Respeitar a Terra e a vida em toda sua diversidade. [...]

2. Cuidar da comunidade da vida com compreensão, compaixão e amor. [...]

3. Construir sociedades democráticas que sejam justas, participativas, sustentáveis e pacíficas. [...]

4. Assegurar a generosidade e a beleza da Terra para as atuais e as futuras gerações. [...]

O texto da Carta da Terra. *A Carta da Terra em ação*, [Brasil], [200-]. Disponível em: http://www.cartadaterrabrasil.com.br/prt/texto-da-carta-da-terra.html. Acesso em: 21 fev. 2021.

Texto 2

Enfim, você e seu meio ambiente

Incluir no cotidiano as preocupações com o meio ambiente, apesar de não ser rápido nem fácil, não é algo que deva ser encarado como uma difícil tarefa. A vida nas cidades já é suficientemente árdua. Essa aridez é também o resultado de um processo civilizatório que não levou em conta os seres humanos e suas necessidades essenciais, exceto as materiais. Talvez o que mais nos falta para olhar a vida com outros olhos e encarar o compromisso ambiental como uma rara oportunidade de evoluir com o planeta é preencher nossa vida com mais poesia, manifesta nos pequenos gestos que alegram a alma. [...]

Rita Mendonça (org.). *Como cuidar do seu meio ambiente*. 3. ed. São Paulo: BEI Comunicações, 2010. p. 269.

1. Troque ideias, converse sobre o que você leu nos textos anteriores e anote as informações mais importantes de cada um. Em seguida, faça o que se pede.

a) **Texto 1**: Elabore um texto curto sobre o que precisamos fazer com urgência para melhorar a qualidade de vida do planeta.

b) **Texto 2**: Rita Mendonça, em seu texto, nos mostra um caminho para que possamos contribuir para a construção de um mundo melhor para todos. Que caminho é esse?

Divirta-se e aprenda

A preservação dos animais que habitam a Terra é uma das maneiras que temos de manter o equilíbrio ecológico e contribuir para a sustentabilidade.

1. Observe as cenas a seguir e marque com um **X** oito diferenças entre elas.

2. Praticamente, todos os animais da imagem estão em extinção. Quais são as consequências disso para o meio ambiente?

_____
_____
_____

Divirta-se e aprenda

1. Encontre no diagrama 11 palavras que representam o que necessitamos para assegurar a saúde do nosso lindo e rico planeta.

R	E	S	P	O	N	S	A	B	I	L	I	D	A	D	E
E	W	T	F	K	L	J	H	G	N	B	T	D	F	K	D
S	T	K	C	O	N	S	C	I	Ê	N	C	I	A	W	U
P	Q	L	K	J	H	G	B	V	C	C	X	Z	F	Q	C
E	H	T	B	Q	A	M	O	R	W	P	L	J	H	K	A
I	T	F	D	R	G	H	J	K	P	L	W	Z	X	P	Ç
T	P	K	G	R	A	T	I	D	Ã	O	Q	R	T	W	Ã
O	Q	F	D	J	H	P	C	O	M	P	A	I	X	Ã	O
P	L	B	V	C	X	Z	K	J	H	G	F	D	T	R	Q
C	U	I	D	A	D	O	Q	L	K	J	H	G	F	D	Z
W	P	J	H	G	F	D	B	Q	J	U	S	T	I	Ç	A
C	O	O	P	E	R	A	Ç	Ã	O	P	L	K	H	G	F
Y	R	F	Q	D	E	T	E	R	M	I	N	A	Ç	Ã	O

2. Escolha três palavras entre as que você encontrou que, na sua opinião, estão entre as mais importantes para assegurar a preservação do planeta.

_____
_____
_____

3. Justifique a escolha de cada uma das palavras.

_____
_____
_____
_____
_____

17º Encontro

Fraternidade e o poder dos pequenos gestos

Para viver com os outros, ou seja, para conviver, precisamos aprender o valor de pequenos gestos: cumprimentar as pessoas, dizer por favor, pedir desculpas, pedir licença, dar um abraço, agradecer, oferecer ajuda. Essas atitudes são fundamentais para uma convivência saudável e feliz.

Muitas vezes, precisamos nos colocar no lugar do outro para compreendê-lo. Essas são atitudes de empatia e fraternidade que fortalecem nossa convivência diária.

Não é fácil viver de maneira harmoniosa com todos e diariamente. Na verdade, é um desafio e um aprendizado constante. Mas é também uma necessidade e um dever que temos, pois conviver significa viver com o outro com cuidado, bondade, amor.

Conviver é viver a fraternidade, ou seja, viver como irmãos que se amam e se respeitam, e essa é nossa tarefa nesse mundo.

A fraternidade não está restrita somente à relação entre seres humanos; ela inclui também atitudes de cuidado e respeito pelo bem comum, pelo meio ambiente e pelo planeta, que é a fonte de vida para grandes e pequenos, animais e seres humanos.

A fraternidade enriquece as relações e todos aqueles que a praticam fazem do mundo um lugar melhor. Onde há fraternidade não há fome, miséria, abandono e solidão. Onde há fraternidade há vida!

Quando existe fraternidade, a vida fica mais fácil, pois pessoas fraternas fazem o mundo mais justo e humano. A fraternidade é o acolhimento, a solidariedade, os valores que tornam o mundo melhor para todos.

Pessoas fraternas semeiam alegria e fazem brotar a esperança. Constroem a igualdade e fazem crescer a esperança.

A fraternidade é o caminho para a construção de um mundo mais justo, humano e feliz. Viver a fraternidade é viver o cuidado, o acolhimento e o amor.

Que tal uma história?

Dando tudo que tem

O homem atrás do balcão olhava a rua de forma distraída. Uma garotinha se aproximou da loja e amassou o narizinho contra o vidro da vitrine. Os olhos da cor do céu brilharam quando viu determinado objeto. Entrou na loja e pediu para ver o colar de turquesa azul.

– É para minha irmã. Pode fazer um pacote bem bonito – diz ela.

O dono da loja olhou desconfiado para a garotinha e lhe perguntou:

– Quanto dinheiro você tem?

Sem hesitar, ela tirou do bolso da saia um lenço todo amarradinho e foi desfazendo os nós. Colocou-o sobre o balcão e, feliz, disse:

– Isso dá?

Eram apenas algumas moedas, que ela exibia orgulhosa.

– Sabe, quero dar esse presente para minha irmã mais velha. Desde que nossa mãe morreu, ela cuida da gente e não tem tempo para ela. É aniversário dela, e tenho certeza de que ela ficará feliz com o colar que é da cor de seus olhos.

O homem foi para o interior da loja, colocou o colar em um estojo, embrulhou com um vistoso papel vermelho e fez um laço caprichado com uma fita verde.

– Tome – disse à garota. – Leve-o com cuidado.

Ela saiu feliz, saltitando pela rua abaixo.

Ainda não acabara o dia quando uma linda jovem de cabelos loiros e maravilhosos olhos azuis entrou na loja. Colocou sobre o balcão o já conhecido embrulho desfeito e indagou:

– Este colar foi comprado aqui?

– Sim, senhora.

– E quanto custou?

– Ah! – exclamou o dono da loja. – O preço de qualquer produto da minha loja é sempre um assunto confidencial entre o vendedor e o cliente.

A moça continuou:

— Mas minha irmã tinha somente algumas moedas! O colar é verdadeiro, não é? Ela não teria dinheiro para pagá-lo!

O homem tomou o estojo, refez o embrulho com extremo carinho, colocou a fita e o devolveu à jovem.

— Ela pagou o preço mais alto que qualquer pessoa pode pagar: ela deu tudo o que tinha.

O silêncio encheu a pequena loja, e duas lágrimas rolaram pela face emocionada da jovem, enquanto suas mãos tomavam o pequeno embrulho. [...]

Alexandre Rangel. *As mais belas parábolas de todos os tempos.* Belo Horizonte: Leitura, 2002. v. 1. p. 172-173.

Tempo de conversar

Analise a atitude dos três personagens da história: o dono da loja, a garotinha e a irmã que ganha o presente. Converse com os colegas e o professor sobre isso. O que podemos aprender com cada um deles?

Tempo de aprender fazendo

Pinte os corações ao lado das palavras que, para você, representam os sentimentos bons que foram embrulhados e doados juntos com o colar.

♡ amor   ♡ sensibilidade   ♡ respeito
♡ mágoa   ♡ desprendimento   ♡ desamor
♡ gratidão   ♡ egoísmo   ♡ carinho
♡ ganância   ♡ honestidade   ♡ fraternidade
♡ cuidado   ♡ descuido   ♡ empatia
♡ generosidade ♡ partilha   ♡ indiferença

Tempo de desenhar

1. Represente com um desenho a parte da história de que você mais gostou no conto anterior.

2. Quais foram os sentimentos que essa história despertou em você?
_____
_____
_____

3. Encontre uma palavra que defina o aprendizado que essa história deixou para você.
_____
_____
_____

4. Elabore uma frase com essa palavra.
_____
_____
_____

Tempo de ler e aprender

Naná tem muita dificuldade em Matemática. Seus pais prometeram-lhe que, se ela passasse de ano sem ficar de recuperação, poderia ir viajar para a praia com a tia. E é claro... ela conseguiu!

Chegou em casa radiante, mas encontrou sua mãe deitada, com fortes dores. O médico a diagnosticou com hérnia de disco e pediu que ela permanecesse em repouso por alguns dias, justamente no período de férias de Naná.

– Mamãe, não quero ir à praia, quero ficar aqui e cuidar de você – disse Naná dando um beijo em sua mãe. – Descanse bastante, vou brincar e cuidar do Dudu para ele não chorar e não acordar você.

Margarida Regina de Almeida.

Pense e responda

1. O que você faria se estivesse no lugar de Naná?

2. Como você analisa a atitude de Naná?

> PODEMOS COMPARAR A FRATERNIDADE A UMA GRANDE ÁRVORE. DELA BROTAM GALHOS, FLORES E FRUTOS QUE ALIMENTAM E FORTALECEM A VIDA: AMIZADE, JUSTIÇA, GRATIDÃO, AMOR, PAZ, RESPEITO, SOLIDARIEDADE, PARTILHA, UNIÃO, ALEGRIA...

3. Descreva como você vive a fraternidade:

a) na sua casa, com seus familiares;

_____
_____

b) na escola, com os colegas, professores, funcionários;

_____
_____

c) no lugar onde você mora, com seus vizinhos.

_____
_____

Tempo de ler e aprender

Leia, com atenção, o Artigo 1 da **Declaração Universal dos Direitos Humanos**.

Adotada e proclamada pela Assembleia Geral das Nações Unidas (resolução 217 A III) em 10 de dezembro de 1948.

[...]

Artigo 1

Todos os seres humanos nascem livres e iguais em dignidade e direitos. São dotados de razão e consciência e devem agir em relação uns aos outros com espírito de fraternidade. [...]

UNICEF. Declaração Universal dos Direitos Humanos. *unicef.org*, [s. l.], [200-]. Disponível em: www.direitoshumanos.usp.br/index.php/Declara%C3%A7%C3%A3o-Universal-dos-Direitos-Humanos/declaracao-universal-dos-direitos-humanos.html. Acesso em: 22 fev. 2021.

Tempo de conversar

1. Converse com seu professor e seus colegas sobre o que você leu e entendeu no artigo da Declaração Universal dos Direitos Humanos.

2. Dê sua opinião sobre como esse artigo é vivenciado e se ele é respeitado pela sociedade brasileira. Cite exemplos que justifiquem sua resposta.

3. Quais meios podemos utilizar para atingirmos os objetivos do Artigo 1 da Declaração dos Direitos Humanos?

Tempo de ler e aprender

1. Leia o poema que segue.

Pequenos gestos

Nada se leva desta vida,
A não ser o amor que se viveu.
O que fica são as marcas de seus gestos,
Da bondade, do cuidado, do carinho seu.

Um gesto de apoio e cuidado
Tem o poder de curar.
É partilha e fraternidade,
Nos faz viver, acreditar.

Nada se leva desta vida,
A não ser o amor que se viveu.
O que fica são as marcas de seus gestos,
Da bondade, do cuidado, do carinho seu.

Um gesto de carinho e afeto
Tem o poder de curar.
Traz força, alegria e vida.
Faz a esperança brotar.

Margarida Regina de Almeida.

2. Reescreva com suas palavras a estrofe que está em destaque no poema.

_____
_____
_____
_____
_____

3. Partilhe com seu professor e seus colegas a sua reescrita.

18º Encontro

Partilhar: um gesto de amor

Partilhar não é apenas dar ou doar alguma coisa. Partilhar é muito mais do que isso. É repartir com o outro não apenas o que temos, mas o que sabemos, o que sentimos e o que somos como pessoas, como seres humanos.

Partilhar é um ato que exige desprendimento, abnegação, afeto, amor. É o mesmo que dizer ao outro: "Eu gosto de você e quero vê-lo feliz, por isso estou aqui".

Partilhar é uma lição que deve ser aprendida durante toda a vida e um exercício que deve ser praticado todos os dias.

Essa é uma das maneiras que temos de contribuir, efetivamente, para a construção de um mundo melhor para todos.

Estender a mão, preocupar-se com o outro e oferecer ajuda sem querer nada em troca são atitudes de pessoas fraternas e solidárias.

A capacidade de se doar e saber partilhar é muito importante na convivência em família, na escola ou em qualquer outro lugar. Ela torna a vida mais simples e mais saudável. A capacidade de partilhar é uma virtude transformadora, que faz bem não apenas a quem recebe ajuda, mas, principalmente, àquele que a pratica.

Partilhar é uma forma de expressar a capacidade de amar. É um lindo gesto de amor!

Tempo de conversar

1. O que significa, realmente, partilhar?
2. Por que podemos afirmar que partilhar é um ato de amor? Converse com o professor e os colegas sobre isso.

Pense e responda

1. Na sua opinião, por que a atitude de partilhar é importante e transformadora:

    a) em casa, com a família?
    _____
    _____

    b) na escola, na relação com os colegas, com os professores e com os funcionários?
    _____
    _____

Que tal uma história?

O velho e a jabuticabeira

Um velho estava cuidando da planta com todo o carinho.
Um jovem aproximou-se dele e perguntou-lhe:
— Que planta é esta que o senhor está cuidando?
— É uma jabuticabeira – respondeu o velho.
— E ela demora quanto tempo para dar frutos?
— Pelo menos quinze anos – informou o velho.
— E o senhor espera viver tanto tempo assim? – indagou, irônico, o rapaz.
— Não, não creio que viva mais tanto tempo, pois já estou no fim da minha jornada – disse o ancião.
— Então, que vantagem você leva com isso, meu velho?
— Nenhuma, exceto a vantagem de saber que ninguém colheria jabuticabas se todos pensassem como você...

Alexandre Rangel. *As mais belas parábolas de todos os tempos*. Belo Horizonte: Leitura, 2002. v. 1. p. 261.

Tempo de conversar

1. Que tipo de partilha fez o ancião?
2. Que relação existe entre a parábola e o tema do Encontro de hoje?

Tempo de ler e aprender

1. Leia a seguir o que crianças como você pensam sobre partilhar.

> PENSO QUE PARTILHAR SIGNIFICA SER SOLIDÁRIA E RESPEITOSA COM AS PESSOAS. NA ESCOLA, POR EXEMPLO, SE UM AMIGO ESTÁ TRISTE, EU O CONVIDO PARA LANCHAR COMIGO E CONVERSAR. ESSAS ATITUDES VALORIZAM O OUTRO.

> PARTILHAR É A AÇÃO DE AJUDAR AS PESSOAS. É UMA ATITUDE QUE NOS FAZ CRESCER MENTAL E SENTIMENTALMENTE.

> PARA MIM, PARTILHAR É APRENDER A CONVIVER, SABER OUVIR O OUTRO E PROCURAR ESTAR SEMPRE BEM COM TODOS. É DAR A MÃO QUANDO O OUTRO NECESSITA.

> O IMPORTANTE NÃO É PARTILHAR APENAS COISAS MATERIAIS, MAS TAMBÉM NOSSOS SENTIMENTOS, NOSSO AFETO E NOSSOS SONHOS.

Ilustrações: Saulo Nunes Marques

2. Agora, complete este balão de fala com o significado de partilhar para você.

Divirta-se e aprenda

1. Forme as palavras do diagrama e encontre o que necessitamos para partilhar o que temos e somos.

			P			
			A			
			R			
			T			
			I			
			L			
			H			
			A			
			R			

2. Você concorda que essas palavras realmente fazem parte da atitude de partilhar? Justifique sua resposta.

_____
_____
_____

Tempo de compartilhar

Dinâmica da partilha

Hoje vamos fazer uma dinâmica para trabalhar a prática da partilha.

1. Confeccione um cartão com uma linda mensagem para um de seus colegas da turma. Você irá confeccioná-lo sem saber a qual colega entregará, mas prepare-o como se estivesse fazendo para seu melhor amigo. Escreva a mensagem e decore-a com um desenho bem caprichado.

2. Terminado o cartão, forme com os colegas um grande círculo, de acordo com a orientação do professor. Ele passará uma sacolinha para que você sorteie o nome de um colega, mas atenção: não leia o papel! Guarde-o dobrado, em segredo, até que todos estejam com um papelzinho em mãos.

3. Ao sinal do professor, entregue o papel que você sorteou ao colega do lado direito. É isso mesmo: você não ficará com o nome sorteado, mas com o que seu colega lhe entregar.

4. Agora, sim, abra o papel e veja o nome que está escrito nele. É para esse colega que você entregará seu cartão.

5. De acordo com a orientação do professor, você deve dizer, em voz alta, o nome do colega que você sorteou, dirigir-se a ele e entregar-lhe o cartão, dando-lhe um abraço.

- Cole, no espaço a seguir, o cartão que você recebeu, para que ele fique guardado com carinho.

19º Encontro

Compromisso para um mundo melhor

Cada pessoa deve se empenhar em fazer o melhor para cuidar de si mesma, do outro e da vida. Para isso, deve estar sempre atenta a tudo e todos que a cercam.

Uma família pode ser muito mais feliz se existir cuidado, afeto e carinho nela. Uma escola pode se transformar em um ambiente muito mais agradável, em que seja possível conviver com respeito e cuidado entre as pessoas que estudam nela.

Para a construção de um mundo melhor, é importante a participação de todos. Cada um tem seu jeito de ver as coisas, de demonstrar afeto e amor, e de buscar soluções para os problemas. Mas só juntos podemos buscar formas de contribuir para que a vida seja preservada e o mundo seja um lugar melhor para todos.

Precisamos, para isso, de energias positivas, cultivar a gratidão e a esperança. Pessoas gratas e esperançosas são mais fortes, animadas, otimistas e confiantes. Quem perde a esperança, perde a vontade de lutar e também o amor pela vida.

Nosso mundo é complexo e está em constante mudança. Ele precisa da coragem e do amor de todos nós. Precisa de pessoas generosas, determinadas, honestas e dispostas a contribuir para uma sociedade mais justa e humana.

Só vamos construir um mundo melhor se construirmos pessoas melhores, estruturas sociais mais justas, comprometidas com os valores humanos acima dos valores econômicos. Você quer construir um mundo melhor? Então, comece por você. Comece se construindo com ações e atitudes construtivas com sua família, colegas e amigos.

Tempo de conversar

1. O texto diz: "Só vamos construir um mundo melhor se construirmos pessoas melhores, estruturas sociais mais justas, comprometidas com os valores humanos acima dos valores econômicos". Você concorda com essa afirmativa? Dê sua opinião sobre isso.

2. De quem é a responsabilidade de transformação do mundo?

Pense e responda

Forme uma dupla, conforme a orientação do professor. Como esta é a última aula, hoje você vai trabalhar em dupla durante todo o tempo. Converse e troque ideias com o colega, pois as respostas em dupla podem ser iguais.

1. Por que energias positivas, gratidão e esperança são tão importantes para a construção de um mundo melhor?

   _____
   _____
   _____

2. Liste a seguir três coisas que você pode fazer, no seu dia a dia, para construir um mundo melhor para você e para as pessoas com as quais convive.

   _____
   _____
   _____

> PARA QUE EU POSSA AJUDAR NA CONSTRUÇÃO DE UM MUNDO MELHOR, PRECISO COMEÇAR COM PEQUENAS ATITUDES, PEQUENOS GESTOS, TRANSFORMANDO ASSIM A REALIDADE QUE ESTÁ MAIS PRÓXIMA DE MIM.

Claudia Marianno

Que tal uma história?

Era mês de junho. A tarde estava fria, muito fria! Isis, acompanhada de sua mãe, foi ao aniversário de uma coleguinha. Como o local ficava a algumas quadras de onde moravam, fizeram o trajeto a pé. Quase chegando ao endereço da festa, havia um garotinho sentado na calçada, embrulhado em uma folha de jornal.

Quando elas se aproximaram, ele disse:

— Dona, me dê um dinheiro para eu comprar um leite quente. Estou com fome e muito frio.

A mãe de Isis tirou uma moeda do bolso e a ofereceu ao menino que, imediatamente, agradeceu com um enorme sorriso no rosto.

Elas seguiram adiante. Mas, de repente, Isis voltou correndo, tirou o casaco e o entregou ao garoto, dizendo:

— Fique com meu casaco. Ele agora é seu!

Emocionada, a mãe abraçou a filha e disse:

— Lindo gesto, querida! Eu amo você!

Margarida Regina de Almeida.

Pense e responda

1. De que maneira Isis e sua mãe contribuíram para a construção de um mundo melhor?

_____
_____
_____

2. Quais são os valores que Isis revelou ter quando deu o seu casaco para o garoto, estando o dia tão frio? Marque com **X** as respostas que julgar corretas.

☐ Generosidade   ☐ Justiça

☐ Solidariedade   ☐ Determinação

☐ Empatia   ☐ Compaixão

> VOCÊ É FUNDAMENTAL NESTE MUNDO.
> CADA VEZ QUE VOCÊ SE TORNA MELHOR, O MUNDO TAMBÉM MELHORA COM VOCÊ. SUA FÉ, ESPERANÇA, ALEGRIA E BONDADE, AOS POUCOS, CONTAMINAM O MUNDO QUE O CERCA. JÁ PENSOU NISSO?

Recorte e cole

Recorte de jornais e revistas frases e palavras que representam um mundo mais bonito, mais saudável, justo e fraterno e cole-as no espaço a seguir.

Tempo de ler e aprender

Leia o poema que segue.

Vida

Respeitar a Terra,
Garantir as riquezas da Terra,
Proteger a vida,
Garantir o direito de viver.

Essa deve ser nossa meta,
Fazer a vida renascer.
Vamos viver com inteligência,
Sem matar, sem destruir,

Vamos usar a consciência,
Proteger, não poluir.
Vamos viver com inteligência,
E um mundo melhor construir.

Margarida Regina de Almeida.

Tempo de desenhar

1. Esta é a última aula do ano. Seja criativo e faça um desenho que represente um momento bom e feliz de aprendizagem e convivência na escola durante este ano.

Tempo de compartilhar

1. Agora, troque o livro com seu colega de dupla. No espaço que segue, escreva uma mensagem para ele, afinal, vocês partilharam um ano de convivência.

_____
_____
_____
_____
_____
_____

2. Durante todo o ano, você teve o acompanhamento e o apoio de profissionais que contribuíram para seu aprendizado e crescimento como pessoa. Pense no valor e na importância do trabalho deles e deixe aqui uma mensagem ou um desenho para seus professores.

TEMPO DE AGRADECER

Deus de todos os povos, de todas as etnias, de todas as religiões, agradeço por ser quem eu sou. Acredito em mim e em meus sonhos, que me fazem seguir sempre adiante. Acredito em minha história e na das pessoas que convivem comigo. Cada novo dia significa para mim importantes oportunidades de crescimento e de troca de experiências. Obrigado por mais esse ano de aprendizado e crescimento.

Ajude-me a dar o melhor de mim em tudo que eu fizer. Acredito na vida e em sua magia, que se manifesta em todas as coisas; por isso, quero cuidar e proteger a minha vida e a vida do mundo que me cerca. Amém!

MEMÓRIA DO MOMENTO

Querido aluno,

Terminamos o Momento 4 do livro!

Reveja os Encontros e faça as atividades a seguir.

1. De que maneira os Encontros deste livro foram importantes para ajudá-lo a ser uma pessoa melhor:

    a) em casa? _____
    _____
    _____

    b) na escola? _____
    _____
    _____

    c) na relação com outras pessoas de sua convivência? _____
    _____
    _____

2. Reflita sobre os Encontros e anote a seguir o compromisso que você assumirá para construir um mundo mais saudável e feliz para você e para as pessoas com as quais convive.

    _____
    _____
    _____
    _____
    _____
    _____
    _____
    _____

3. Se possível, partilhe com os colegas o seu compromisso.

RECADO AOS PAIS OU RESPONSÁVEIS

Olá! Estou terminando meu ano escolar e as atividades deste livro!

Nele aprendi que é grande minha responsabilidade diante do meu aprendizado e do meu crescimento, a importância de uma convivência saudável no meu dia a dia e o quanto precisamos nos empenhar na construção de um mundo melhor para todos. Quero ser sempre respeitoso com minha vida, com a vida de quem convive comigo e com a vida na Terra. Para isso, conto com a ajuda de vocês. Obrigado por terem me acompanhado e me apoiado nas minhas tarefas diárias. Juntos vamos viver cada dia cultivando o respeito e o cuidado uns com os outros. Vejam as atividades que fiz e escrevam aqui a opinião de vocês.

_____
Assinatura do aluno

_____
_____
_____
_____
_____
_____
_____
_____
_____
_____
_____
_____

_____
Assinatura dos pais ou responsáveis

Querido aluno!

Chegamos ao final de mais um ano e ao final do Ensino Fundamental I. Agora você iniciará uma nova etapa da sua vida escolar: o Fundamental II. Quantas coisas novas você viu, ouviu e aprendeu! Foram momentos de reflexão, esforços, descobertas e muitas alegrias também. Você aprendeu conosco e nós aprendemos com você. A vida é assim: uma troca, uma partilha constante. Aprendemos e crescemos juntos e, assim, formamos uma grande escola, a escola da vida.

Aproveite o máximo essa preciosa etapa de sua história.

Parabéns e sucesso para você! Seja muito feliz!

Abraços carinhosos,
Margarida e Donizetti.

Dayane Cabral Raven